take my tips

不可不看

梦幻旅游

人一生要去的50个地方

CONTENTS

作为一个酷爱旅行的人，一生中能有多少个梦想呢？

在车轮与机翼间穿梭往来，一幅幅的风景成为一帧帧的记忆，或炸裂成花束，或漂浮成云朵。

这里的50个地方，都是美国《国家地理》的专业建议，或者说，都是国际顶级的旅行家们刻骨铭心的片段回忆。你是否也能跻身于他们之中呢？

那些属于梦幻的地方，是你的一生行止，还是你的天涯左岸？

☞ 城市风情：百年老城

☞ 野外探险：最后的伊甸园

☞ 人间天堂：美丽、平静、天堂般愉悦

☞ 阳光地带：现代文明与自然的完美结合

☞ 世界奇观：人类不朽的创造

(附)挑战未来：未来的家园

属于梦想与梦幻的城市

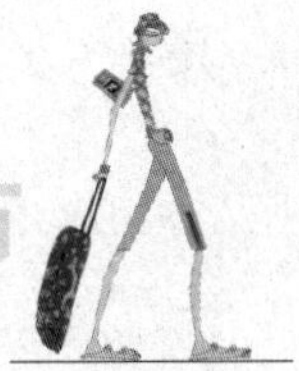

纽约

New York

任你千山万水走遍，纽约一样让你看不明白。

——F.S.菲茨杰拉德

☞城市历史：1492年，哥伦布发现美洲大陆后，欧洲各国殖民者纷纷涌来建立殖民贸易点，这里逐渐形成自由港，这就是纽约的前身。1521年，意大利人来到河口地区。1626年，荷兰人从当地印第安人手中廉价买下曼哈顿岛建立贸易站，并按荷兰首都阿姆斯特丹的名字，将这个地方命名为“新阿姆斯特丹”。

1664年，英国舰队开到这里，荷兰人自知无力与之抗争，将新阿姆斯特丹拱手相让。英国国王查理二世将这片地方交给他的弟弟管辖，于是，国王的弟弟便将自己的领地从英国的约克郡迁到新阿姆斯特丹，并将地名改为“纽约”，即“新约克”。1789年，纽约成为新独立的美国第一个首都和美国最大的城市。19世纪开始，纽约向世界性大城市发展。至20世纪初，纽约成为世界最大的城市之一，与伦敦、巴黎齐名。

一进纽约城，就会忍不住想钱。第五大道车水马龙，全世界最顶级的名牌都挤在这里，大减价的时候，连英国女皇也会开着飞机专门来血拼。往上城走，有豪华得出乎想像的大宅子，里面的灯光像黄金一样晃眼，拉门的黑人穿着一丝不苟的制服，举止优雅。用不着看见住在里面的人，就可以扎实地想到主人价值天文数字的身家。再往上走，到了黑人区，看到的房子是没有窗子的，看到的人是没有工作的，听到的故事是杀人抢劫、单亲妈妈、吸毒放火，所有的故事都是一个主题："都是没钱惹的祸！"纽约就这样身体力行地告诉你，有钱真好，没钱真惨。

于是你说，"纽约是个拜金的城市"，话音刚落，一转头却看见了格林威治村。那里的老房子有百年以上的历史，绿色的长春

a knowledgeable tourist

☞ 地理位置：位于纽约州东南哈德逊河口。

☞ 面积：830平方公里，整个城市由曼哈顿（Manhattan）、布鲁克林（Brooklyn）、皇后（Queens）、布朗克斯（Bronxs）和斯塔腾岛（Staten Island）5个区组成。

☞ 人口：纽约是个大熔炉，它有近800万人口，来自世界各地近百种以上民族，其中犹太人有200万左右，黑人有200万左右，中国人有60万以上。

☞ 气候：纽约的气候四季分明，1月份平均气温为0℃左右，7月份则潮湿闷热，平均气温在25℃左右。

藤爬满了一面面红色的砖墙，空气里有浓郁的树叶和阳光交织蒸发的味道。曾经有一帮无心赚钱的穷艺术家们，整天晃在这里老旧的街道上，在敞开的木窗子前写作，在窄街角上幽暗的咖啡店里展出不为卖钱而作的画。渐渐的，这地方出了名，渐渐的，这里变成了旅游区，傻乎乎地围满了各地来的游客。于是，艺术家们搬到了更穷的苏荷区去开辟自己的新天地，等到苏荷区的房价涨了，咖啡贵了，他们又撤退到东村，一个没有富人气氛的肃杀的地方。这一路上，你可以看到钱和艺术怎么开战——钱要买，艺术不卖，钱一定要买，艺术转身就走。在物欲横流的纽约，美元原来也不是万能的。

take my tips 不可不看

INFORMATION

☞ 自由女神像（Statue of Liberty）

自由女神像的正式名称是“自由照耀世界之神”，是美国国家纪念碑，造型宏伟，令人瞩目。塑像拔地而起，高达152英尺，基座89英尺，腰围420英寸，未露笑容的嘴有3英尺宽。女神脚下残留着许多打碎的脚镣，左手持一标有1776年7月4日的铭板，宣布自由的到来。女神像由艾菲尔铁塔的设计者、法国土木工程师古斯塔夫·艾菲尔设计，法国出资建造，花了10年时间建成。1886年10月28日，美国克里夫兰总统主持揭幕。从那以后，凡进纽约港的船只都从神像42英尺高的右臂下进入美国。

☞ 归零地（Ground Zero）

归零地指的就是在“9·11恐怖袭击”中倒塌的世界贸易中心遗址，如今已成为游客的必到之地。世贸双子塔曾经傲视全球的地方，现在只剩下一片空地，两排铁栏围出一条走道，铁栏后挂着“我们永远不会忘记”的大布条。栏前

看得多了，你渐渐明白，为什么刚到纽约，人们总喜欢说：“发生任何事情你都不必惊奇，因为这是纽约。”纽约，像一个光怪陆离的博物馆，最现代与最古老的、最文明与最愚昧的、最高尚与最丑恶的、最繁华与最荒凉的、最富有与最贫困的、最时髦与最守旧的……一切现代物质与精神的产物，都在这里肆意展示它们极端的形态。在纽约生活，需要充分发挥你的想像力，训练你的适应性，培养你的包容度。

所以，对纽约的感觉无法用单纯的喜欢或者不喜欢来形容。所有的喜怒哀乐、酸甜苦辣、荣辱兴衰，都在同一个时间空间里百态俱陈、百味兼备。也许，这就是纽约的魅力所在。

就是“归零地”，可以看到起重机、挖土机、卡车、建筑工人清理废墟的情景。被挖空了的巨大废墟像一个巨大的窟窿，让人的心情立刻变得沉重起来。

☞ 中央公园（Central Park）

乘飞机在曼哈顿岛上空飞行，可以看到，在市区中心有一片长方形的绿荫被众多拔地而起的高楼环抱，这就是有“纽约绿洲”之称的中央公园。

整个公园大得惊人，南北长4公里，东西宽800米，占地面积达843英亩，有茂密的树林、湖泊和草坪，甚至还有农场和牧场。在这样一个寸土寸金的大都市开辟出这样一个公园，无疑是一大创举。而且，公园的地下还建造了公路，既不影响车辆过境，又不打扰参观者的宁静。

☞ 大都会艺术博物馆（Metropolitan Museum of Art）

大都会艺术博物馆位于5号大道上的82号大街，是个巨大的宝库，占有四个街区。整个博物馆的展品超过300万件，包括从古代至当代的各种艺术作品，其中有成千上百件世界文明的杰作。博物馆不仅展出绘画和雕刻，还展出花毯、乐器、服装以及装饰品。五大展厅分别是：欧洲绘画、美国绘画、原始艺术、中世纪绘画和埃及古董。

没有哪座城市像伊斯坦布尔这样吞食了艺术花园里如此之多的果实。世界各地的名人们有很多都是在这里出生、或者是在这里接受熏陶的。

——纳比

Istanbul

伊斯坦布尔

几十年来魅力不减的邦德曾在“The World is not Enough”里说，“我总是希望能在伊斯坦布尔过圣诞节。”也只有伊斯坦布尔这个世界上惟一横跨欧亚两大洲的城市才能让邦德向往，让他愿意在这里度过一年中最重要的节日。在这个有2600多年历史的的城市里，有东方与西方的交汇，有基督教与伊斯兰教的结合，还有传统与现代的融合，也只有在这里，你是谁已经不再重要，“只要你在伊斯坦布尔住上一个月，你可能就会变成诗人，画家，情人，更重要的是你就会变成一个伊斯坦布尔人。”在伊斯坦布尔经营着一个有300年历史的浴室的老板这样说。对于在世界各地执行任务，不断变化自己身分的邦德来说，这种最终的归属感是不是就是他最后追寻的目标呢？

城市历史：伊斯坦布尔有2600多年的历史。公元前660年，希腊人在此建都，史称拜占庭。公元330年，罗马帝国君士坦丁大帝重建该城，并迁都至此，将城市名称改为君士坦丁堡（意思是“君士坦丁之都”）。公元395年，罗马帝国分裂成东罗马和西罗马，君士坦丁堡成为东罗马帝国的首都，此后数百年里，这里一直是地中海东部政治、经济和文化的中心。

take my tips 不可不看

INFORMATION

☞ 地理方位：土耳其西北，博斯普鲁斯海峡（Bosporus）与马尔马拉海（Marmara）交界的地方，也是欧亚两洲交界的地方。

☞ 面积：5220 平方公里。

☞ 人口：超过 900 万。

☞ 金角湾：金角湾把伊斯坦布尔的欧洲部分又一分为二，这里有美丽的海岸线，滨海大道，和海滨公园。坐在金角湾的露天餐厅里，你可以领略到伊斯坦布尔这个依山傍海的城市的美丽。

☞ 托普卡普殿（Topkap Saray）：15 世纪到 19 世纪奥斯曼土耳其帝国的中心，各代的苏丹在这里接受拜见，治理国事，过着穷奢极侈的生活。

博斯普鲁斯海峡把伊斯坦布尔分成新城和旧城两个区，欧洲和亚洲在这里隔海相望，隔着 6 小时轮渡往返的距离，而博斯普鲁斯吊桥这座全世界最长的吊桥又让欧洲和亚洲贯通起来，从欧洲到亚洲也不过就是走过一座桥的工夫。欧亚两洲的距离不仅在空间上缩小到极点，而且因为伊斯坦布尔特殊的地理位置，东西方两种文化在这里也接近于零距离，融合多于对立。

这里有清真寺、基督教教堂，还有犹太教教堂。最著名的当然是现在已经被称为阿亚索菲亚博物馆的圣索菲亚大教堂。它最初（公元 326 年）由君士坦丁大帝兴建，当时堪称世界最大的教堂，6 世纪，查士丁尼大帝将它改建成拜占庭式的建筑，并且把它作为基督教教堂，到了 15 世纪，奥斯曼土耳其苏丹穆罕默德又把它改成清真寺。不过教堂顶部的基督教壁画还在，拜占庭式的马赛克画也保留了。宗教的变迁和建筑风格的变迁，让圣索菲亚大教堂呈现出多元融合的魅力，这个火红色的清真寺，以及周围四个尖塔的形象，是整个伊斯坦布尔，乃至全世界最精美的建筑之一。从这里，你

可以读出伊斯坦布尔1600年来作为罗马、拜占庭、奥斯曼土耳其三大帝国首都的辉煌和沧桑。

圣索菲亚大教堂对面就是全市最大的清真寺——苏丹·艾哈麦德清真寺，因为寺内装饰了2万多块蓝色瓷砖，阳光照射进来的时候，蓝色瓷砖反射出奇幻的蓝色光芒，所以人们都叫它“蓝色清真寺”。

虽然宗教气氛浓郁，但等到夜晚，伊斯坦布尔市中心的灯红酒绿与世界其他现代大都市也没有什么分别。保守的妇女裹着伊斯兰式头巾，但也有开放的姑娘大胆地穿着露脐装。

伊斯坦布尔市中心有一个被誉为全世界最大最古老的室内集市，已有500多年历史。说它是个城市也不过分，因为这里有大大小小4000家店铺，出售的物品从地毯、皮革、金银器具到珠宝玉器、时装香料，不一而足。在迷宫般的走廊里，看着店铺交错，听着人声嘈杂，让人幻觉又回到了当年丝绸之路尽头的集市。

巴塞罗那

巴塞罗那，

这个礼仪之邦，

这个外来客的庇护所。

——《唐·吉诃德》

B a r c e l o n a

塞万提斯提到巴塞罗那的时候，说它是“世界上最美丽的城市”。可能是因为它靠近法国，兼有法国的浪漫和西班牙的热情，让人难以抗拒它的诱惑。

巴塞罗那的美不是用来观赏，而是用来享受的。这个城市每个角落都散发着节日般的闲散和享受气氛。市中心有开阔的加泰隆尼亚广场（Plaza Catalunya）和面向地中海的和平之门广场（Plaza Puerta de la Paz）。据说500多年前，哥伦布就是从这里扬帆起航驶向地中海，后来发现了新大陆。人们可以在广场上歇息，喂喂鸽子。两个重要的广场之间便是兰布拉大街（the Rambla）。这条美丽的步行街上随处是鲜花店，到了周末，这里更成了花的海洋，芬芳四溢。路边有拉琴卖艺的，为人画素描的，身涂油彩做活雕像的，还有摆地摊卖各式民间古董的，整条大街充满了明快的生

活乐趣。穿着随意，不拘小节的巴塞罗那人就在这样的街道上悠闲游荡，看看活人雕塑，看看卖花姑娘。湿润的地中海暖风，让巴塞罗那的夜晚没有寒冷，而只多了一份华灯初上的温馨。夜间10点钟的巴塞罗那，路上热闹依旧。每到周末，路边的酒吧咖啡馆必定爆满，巴塞罗那人爱喝酒，周末常常三五知己相约，不醉不归。这份生活的闲适只怕神仙也要羡慕。

一个在巴塞罗那生活了十几年的艺术家说："如果你想在巴塞罗那做出一番成就，必须得有强大的意志力，因为只要你愿意，每个晚上都有聚会等着你，甚至好几个聚会。"可能真是这样吧。据说即使是佛朗哥的法西斯统治时期，在巴塞罗那每个人仍然有几个情人。在这里，你可以放纵自己的感官，尽情享受生活中的每一种乐趣。

a knowledgeable tourist

☞ 地理方位：巴塞罗那是西班牙东北部加泰隆尼亚（Catalonia）自治区首府，北邻法国，东南部濒临地中海，是地中海第二大港，也是西班牙仅次于马德里的第二大城市。

☞ 面积：约100平方公里。

☞ 人口：160万。

☞ 气候：地中海气候，温和湿润，冬暖夏凉。

☞ 语言：西班牙语，加泰隆尼亚语。

INFORMATION

☞ 神圣家族大教堂：巴塞罗那的标志性建筑，也是高迪的代表作。教堂始建于1882年，但是因为资金问题至今未能竣工。这也是一座有极大争议的建筑，有人为它疯狂，也有人说那4个高高的尖塔像4块饼干。但是不管怎样，巴塞罗那人认同了这座建筑，选择用它来代表自己的形象。

☞ 巴特娄宫（Casa Batllo）：著名建筑师高迪（Gaudi）的代表作之一，现代主义风格的建筑，色彩鲜艳，外墙面不规则，给人怪异的感觉。

take my Tips
不可不看

在香港，闹中取静的河边远胜过霓虹缤纷的夜晚。

——E.艾洛森

香港

Hong Kong

a knowledgeable tourist

☞ 地理位置：位于中国南海之滨珠江口东侧，由香港岛、九龙半岛和新界组成，北隔深圳河与深圳相接，西与澳门隔海相望，相距仅60公里左右。
☞ 面积：1092平方公里。
☞ 人口：650万左右。
☞ 民族：华人为主，英国及其他外国人占3%左右。
☞ 语言：汉语、英语。
☞ 宗教：佛教、天主教、基督教。
☞ 货币：港币、人民币。
☞ 气候：香港年平均气温较高，达22.8℃，天气易受季风影响，四季差别明显，最佳旅游季节为每年秋季。

第一次去香港的人都会有一种眩晕感，太快的节奏，太多的人流，太高的建筑。香港的头上戴着无数顶炫目的皇冠：购物天堂、美食之乡、动感之都……每一顶都在诉说着这个城市的声色犬马，它的动感新潮，它的物欲横流。但是只要你耐下心来仔细体会，其实，香港自有它怀旧婉约的一面。

在香港岛繁华的大街上，每天都有古老的有轨电车沿着轨道不紧不慢地叮当作响。自1903年以来，它从东到西，走着相同的路线，周而复始。不管外面的世界如何风云变幻，只迈着自己固有的缓慢步伐。它的慢，可以让你从容地观赏街景，暂时忘却都市的紧张压抑，让全身都放松。它美妙的行走路线，可以让你深入到港岛的每一个角落，细细品味这个城市哪怕最细微的脉搏。电车的车厢一律是古旧的、老式的方向盘，投币盒子油漆斑驳，门窗、座椅、楼梯都是木质的，暗红的油漆早已褪尽，却依然结实干净，摸着有种温馨的质感，就如美人迟暮，却风韵不减。有的电车额头上印着“1903”的字样，整整100年的历史沧桑，它是活生生的见证。

和有轨电车有着同样怀旧情绪的是在维多利亚港内缓缓穿梭的天星小轮。从1898年起，每天往返于港岛和九龙之间，到现在已经超过了一个世纪。坚固的甲

LIPPO LIPPO
LIPPO

板、木制的座椅都透出一股历史的气味。坐在款式古老的木椅上，两岸全是拔地而起的摩天大楼，难免有种时空交错、往事如烟的感觉，思绪不知不觉中就随着徐徐而来的风飘进了 20 世纪 30 年代。

还有，还有更古老的太平山山顶缆车，1888 年开始投入使用，100 多年来从未出过事故，车头的两个座位曾经是指定给港督专用的。坐在木质的车厢里，望着城

☞ 天星渡轮

天星渡轮是一种往返于港岛与九龙之间的渡海小轮，从1898年起，它已在维多利亚港内缓缓穿梭超过了一个世纪，坚固的甲板、木制的座位都保留着古旧的风味。今天，所有的渡船都起了名字，有的叫“晨星”，有的叫“午星”，每天有400多班。对游客来说，天星渡轮不仅本身就是香港的名胜，而且还是最便宜的海港之旅，只要2.2元（上层），甚至1.7元（下层）就可置身维多利亚海港。坐在款式古老的木座椅上欣赏两岸的风光，所体会的也许正是这种独一无二的香港情怀。

☞ 香港电车

与天星小轮同样有着怀旧情结的是贯穿港岛东西的香港电车，沿着轨道叮当叮当的电车声，从1903年开始营运到今天，已响了一百年。如今，双层的老式电车仍然为香港市民提供着悠闲的交通服务，它从坚尼地城至筲箕湾、跑马地，穿越了上环、中环、湾仔、铜锣湾等港岛最为繁华的闹市，而全程车费也只要2元，是游客都市观光游最喜欢的一种交通工具。

☞ 浅水湾

浅水湾是香港最高尚的住宅区之一，同时也是香港最受欢迎、交通最方便、最具代表性的泳滩，是游人必到的著名风景区。

浅水湾海滩绵长，滩床宽阔，且水清沙幼，波平浪静。滩区设有更衣室及淋浴设施，夏季更有救生员值勤。泳滩旁亦有快餐店、餐厅及超级市场，著名的浅水湾酒店旧址已成为一个商场——影湾园，内有高级商店及餐厅。沙滩上建有中国古典色彩的镇海楼公园，塑有十多米高的天后娘娘及大慈大悲观音

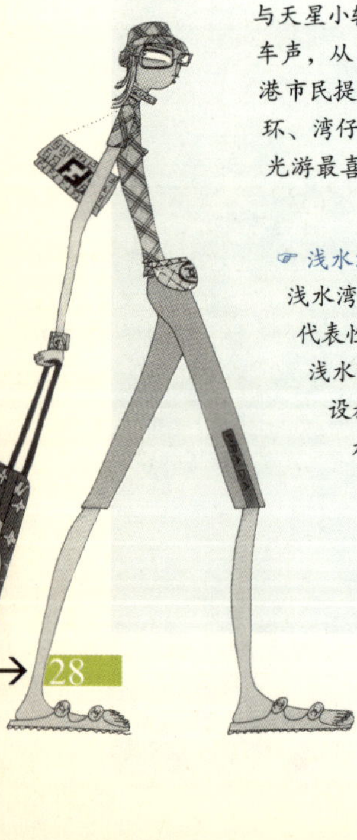

市逐渐在脚下远去，犹如穿梭在时光隧道里。

这就是香港，拥有的劳斯莱斯轿车数量全球第一，却也保留了古老的电车；前一分钟，一艘艘古代帆船和舢板映着落日余辉，转过身后，一栋栋摩天大楼却是21世纪的界标。这个万象之都，有如一个时空交错的入口，交融着历史与现在。

INFORMATION

神像，旁边还有长寿桥等胜景。附近还有深水湾、中湾及南湾，都是畅泳胜地。

☞ 太平山顶

俗称扯旗山，是香港最著名的游览胜地之一。山顶设有很多专为游客观景的设备，从山上俯瞰维多利亚港及九龙半岛，一览无遗。香港的夜景世界著名，最佳观赏位置为缆车总站附近古色古香的狮子亭和空旷怡人的山顶公园。山顶广场眺望日落景色最为理想。适合郊游远足的港岛径亦从这里开始。而新近建成的凌霄阁更成为游人的新去处。

☞ 兰桂坊

位于中环，这条昔日破旧的小巷由于影视明星的带头和一些外来旅居人士的进驻，近年竟奇迹般地发展成为香港时尚男女夜生活的最佳去处。铺着圆石的两条小斜路挤满了餐厅酒吧，充满了欧陆情调。每逢周末，尤其是节假日，这里总是挤满人流，认识的与不认识的，一杯啤酒就能交谈半天。最热闹的则属圣诞节平安夜和新年春节的除夕狂欢夜，当倒计时的那一刻，山呼海啸般的欢呼几乎将人们的情感宣泄到极点。

里约热内卢

Rio de Janeiro

a knowledgeable tourist

- **地理位置**：位于巴西东南部，临大西洋。
- **人口**：1100万，其中20%居住在贫民区。
- **气候**：年平均气温在21~30℃，6~8月是冬季，夏季12~3月是旅游旺季，驰名全球的嘉年华就是在这个时候举行，为期4天。
- **宗教**：天主教。
- **货币**：雷亚尔。
- **语言**：葡萄牙语，但是在里约说英语是一种身分的象征。
- **城市历史**：1502年1月，葡萄牙航海探险队首先来到这里，但他们误以为瓜纳巴拉湾是一个河港，所以起名为里约热内卢，意为“一月之河”。1555年，法国人首先在这里建立了殖民地。18世纪初在这里发现了金矿，里约因此迅速地繁荣起来，并在1822年成为巴西的首都，直到1960年，巴西迁都巴西利亚。

上帝花了 6 天时间创造世界，第 7 天创造了里约热内卢。——巴西谚语

关于里约的科帕卡巴纳海滩，有一个出处不详的故事。一个富人问躺在沙滩上晒太阳的流浪汉："这么好的天气，你为什么不出海打鱼？"流浪汉反问他："打鱼干吗呢？"富人说："打了鱼才能挣钱呀。"流浪汉问："挣钱干吗呢？"富人说："挣来钱你才可以买许多东西。"流浪汉又问："买来东西以后干吗呢？"富人说："等你应有尽有时，就可以舒舒服服地躺在这里晒太阳啦！"流浪汉听了，懒洋洋地翻个身，说："我现在不是已经舒舒服服地躺在这里晒太阳了吗？"

这也许是个笑话，但里约人的态度就是这样：悠闲，懒散，自得其乐。的确，在里约这样得天独厚的城市，美食、美女、美景，最好的一切就在手边，你还能要求什么呢？

但是，如果这就是你理解中的里约的全部，也许你就错过了里约最深刻的东西。巴西人说："上帝花了 6 天时间创造世界，第 7 天创造了里约热内卢。"花费了上帝整整 1 天时间的里约不是一个外表漂亮头脑空空的木美人，在它无限旖旎的外

take my Tips 不可不看

☞ 两山一滩

里约热内卢有著名的"两山一滩"：甜面包山（Sugarloaf Mountain）、科尔科瓦多山（Corcovado Mountain）和科帕卡巴纳海滩（Copacabana Beach）。

甜面包山位于瓜纳巴拉湾（Guanabara Bay）入口处，高394米，由两个山头组成，一个像立起的面包，另一个像平放的面包，加上山的表面光滑，好像抹上了糖浆，故名为"甜面包山"。

科尔科瓦多山又叫驼背山或耶稣山，海拔709米，常有云雾缭绕于山腰。山上古木参天，终年郁郁葱葱。科尔科瓦多山的第一个别名来源于它的形状，好像驼背人隆起的后背；第二个别名是因为在峰顶有一个巨大的耶稣塑像。这尊重1145吨，高38米的钢筋水泥塑像是为庆祝巴西独立100周年而建的，如今已成为里约的象征。有公路和登山火车可直达山顶，天气晴朗时登高远眺，里约全市和沿岸海滩美景尽收眼底。

表下，另有一种复杂在流动。

里约海滩的人行道是用黑色和白色的石子铺成的，两种对比最鲜明的颜色，不加任何修饰或者过渡，直截了当地被摆在一起。这就是里约的方式，不欢迎中庸之道，只愿意接受两极的碰撞。有趣的是，这种碰撞的结果并不是一方毁灭或压倒了另一方，双方反而直愣愣地胶着在一起，分不开也合不拢。里约有 1000 多万人口，不同的肤色，不同的种族，每天都在为鸡毛蒜皮的小事大动干戈，却从不发生宗教或种族纷争。在这里，极端贫穷和过度奢华肩并肩地存在着，贫民窟堂而皇之地盘踞在本该是富人聚集的半山腰上，身无分文的流浪汉与腰缠万贯的富翁并排躺在科帕卡巴纳海滩上分享海浪、阳光和沙滩。在里约，你可以在城市里找到森林，也可以在乡村找到高楼大厦；人们不停地抱怨、示威，但是街头欢快的桑巴舞却从未停过；市长们来来去去，却无法改变这个城市。里约是无法用一个词来形容的，因为总是可以在这里找出它的反义词。

科帕卡巴纳海滩被称为世界上最有名的海滩，海岸沿线长达 4.5 公里，海水蔚蓝，浪花雪白，沙滩洁净松软，加上终年气温适宜戏水，游人络绎不绝。五彩缤纷的阳伞和五颜六色的游泳衣，把沙滩点缀得绚丽多姿，随处可见身材惹火的比基尼女郎也是里约海岸一景。

☞ 嘉年华

嘉年华会起源于罗马天主教的宗教习俗节日，是四旬斋前的狂欢。嘉年华（carnival）一词源于拉丁语“carne vale”，意思是“告别肉食”。

里约的嘉年华会举世闻名。大街小巷处处张灯结彩，彩旗飞扬。人们倾城出动，潮水般涌上街头，男女老少个个浓妆艳抹，尽情地扭动腰肢，挥动双手，狂歌劲舞。盛大的桑巴游行是嘉年华会的高潮，大型彩车簇拥着选举产生的“国王”、“王后”领先开路，浩浩荡荡的队伍中，魔鬼、天使、美女、妖仙、武士、达官、贵人、黑奴等各种奇形怪状的打扮令人眼花缭乱。游行中最惹人注目的莫过于那些身材喷火的拉丁女郎，身着比基尼或者上身全露的舞衣，与男舞者大跳热情奔放的桑巴舞，把全场气氛带动到最高点，就连从不曾跳过舞的游客，也会被感染，情不自禁地加入狂欢的人群当中。

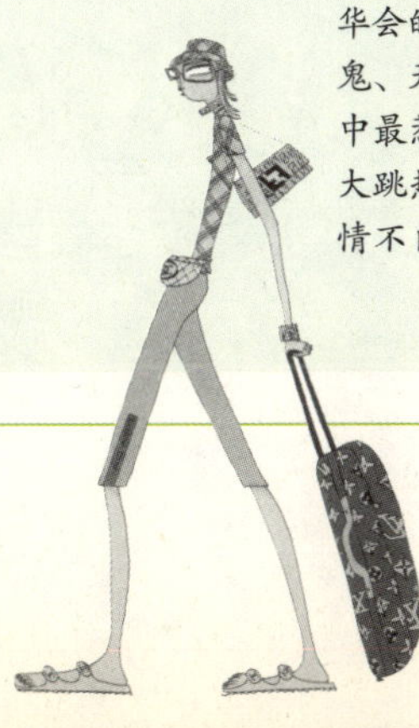

我在巴黎买到了塞尚的画，了解了整个印象派的艺术。

——斯坦因

巴黎 *Paris*

巴黎似乎从来就是一座梦想中的城市。在官方网页上，它被称为“光之城”，光在西方人心目中一向是上帝的化身，也许巴黎人认为自己离上帝更近一些。也难怪徐志摩当年曾感叹：“到过巴黎的一定不会再稀罕天堂。”也有人叫它“巴比伦”，那是美国作家菲茨杰拉德在小说《重返巴比伦》中对巴黎的称呼——一个只有奢华与享乐的梦想之都。也许没人能说清巴黎究竟是一个怎样的城市，但每个人都确信他们在巴黎度过的会是一生最难忘的日子。

大多数游客心中向往的，是一个古老而浪漫的巴黎，也就是沿着卢浮宫——香榭丽舍大街——协和广场——凯旋门这条完美的中轴线开始他们的旅行。的确，巴黎是个极具历史感的城市，这里的名胜古迹已足以让人流连忘返。与这些经典古迹

并存的又是另一个巴黎，一个充满前卫与波西米亚气息的巴黎。

只要搭上巴黎的地铁，就能清楚地感觉到这一点。巴黎地铁历史悠久，有些车站特意原封不动地保留了原来的风貌，看起来好像一座古董博物馆，而有的车站又充满未来气息，有如科幻世界，比如 la défence 地铁站。从这一站走上地面，矗立在你面前的就是全世界独一无二的夸张无比的“新凯旋门”。实际上这是一个可以容纳5000人办公的大厦，它的独特之处就是这个可以把整个巴黎圣母院放进去的大门。有趣的是，新凯旋门正处在卢浮宫——香榭丽舍大街——协和广场——凯旋门这条中轴线上，居心叵测地与凯旋门遥遥相望，大有打破完美和谐的野心。

如此“离经叛道”的建筑在巴黎绝非仅有。如果说卢浮宫代表着法兰西的古代文明，

☞ 地理位置：法国北部，塞纳河边。

☞ 人口：210万。

☞ 气候：温和的海洋性气候。

Paris

那么蓬皮杜中心便是现代巴黎的象征。这里是前卫艺术的殿堂，展出了西方20世纪以来各种风格的艺术作品。而中心本身的设计也是给人强烈视觉冲击的前卫建筑艺术。所有的柱子、楼梯、管道等等以前要刻意藏匿的东西都被放在室外，整座建筑看上去好像被五颜六色的管道和钢筋缠绕着的化学工厂厂房。当初这个“怪物”也曾备受非难，不过现在它已经与巴黎的其他古典建筑相安无事。

巴黎也许是最受异乡人欢迎的城市，它几乎成了文学与艺术的“麦加”，有多少世界著名的艺术家和作家在这里居住生活过？还是问有多少没有到过巴黎吧，那样计算方便一些。19世纪中期以后，巴黎更是成了一座放逐者的城市。这里有宽松的政治气氛，有学生、文人、艺术家掀起的

take my Tips 不可不看

☞ 巴黎圣母院（Notre Dame de Paris）：圣母院是哥特式建筑的杰作，处处都有精美的雕像和浮雕。不过大部分人到巴黎圣母院来并不是为了看建筑，而是欣赏塞纳河上的落日。到黄昏，教堂里的人慢慢多起来。据说为了上教堂塔顶看落日，有时得排上1个小时的队。

☞ 艾菲尔铁塔（Tour Eiffel）：如今已成为巴黎，甚至法国的象征的艾菲尔铁塔，当年建成的时候颇受争议，当时联名抗议的各界人士达到300人之多，其中有著名作家左拉和小仲马。不过随着时间推移，巴黎人逐渐接受并且爱上了这个钢铁“巨人”。不知为什么很多人选择在这里自杀，到1971年已经有370人之多，塔顶因此安上了护栏。

☞ 卢浮宫（Louvre Museum）：原本是法国王宫，自1190年建成以来，这里曾居住过50位国王和王后。现在卢浮宫已经成了当今世界上最大的博物馆之一，收藏着40万件来自世界各地的稀世珍宝。它包括六大展馆，198个展览大厅。达·芬奇的《蒙娜丽莎》便收在绘画馆中，而爱神维纳斯雕像则立在古希腊与古罗马艺术馆里。

☞ 凯旋门（Arc de Triomphe）：与卢浮宫遥相呼应，是拿破仑为了让人记住自己的辉煌战绩而下令修建的。拱门的顶端和内侧都雕刻着波拿巴获得胜利的大大小小战役，内墙上还有他手下588名将军的名字。每年的重大节日或是特殊庆典，法国民众都会在凯旋门下狂欢。凯旋门已经成了法国的标志。凯旋门下是为了纪念两次世界大战阵亡将士的无名烈士墓。每年7月14日法国国庆，法国总统都要到这里来献上花圈。

Paris

反文化潮流，也就是所谓的波西米亚文化，所以人们选择到巴黎来流浪。20 世纪 20、30 年代，巴黎聚集了众多美国作家，包括海明威、菲茨杰拉德。这群年轻人对美好生活的憧憬被一战冲击得无处藏身，他们受不了，逃了出来，他们需要艺术氛围，因为他们还要继续以创作为生，同时他们也抛不下感观和物质享受，他们需要咖啡，需要女人和葡萄酒，需要舞会，于是他们逃到了巴黎。他们惟一的选择就是巴黎，似乎也只有巴黎才能够包容这群时而清醒，时而酒醉的年轻人。他们只是巴黎的匆匆过客，但却在这里留下了深深的痕迹。他们用笔让巴黎的瞬间永恒，也把自己生命的一部分永远留在了巴黎。走在塞纳河边，坐在路边咖啡馆里，一个异乡人也许能体会到巴黎城里某种淡淡的忧郁和流浪情结。上个世纪“迷惘一代”在这里留下了太多流浪和感伤气息，到今天都挥之不去。漫步巴黎的时候你永远不知道什么会在记忆里留得更久一点，是凯旋门还是某个下午在某个露天咖啡馆的一杯咖啡。

“巴黎不仅仅是个地方，它已经成了一种精神状态。”无论你是谁，都可以在这个既怀旧又前卫，既宁静又喧嚣，既国际化又本土化的城市找到自己需要的那一剂量心灵解药。从这个意义上来说，巴黎是最适合异乡人停留的。你可以去卢浮宫欣赏《蒙娜丽莎》，也可以去蓬皮杜中心看毕加索；你可以去巴黎歌剧院，也可以去香榭丽舍大街上的红磨坊；你可以到巴黎来逃避生活，也可以来这里纯粹地享受生活。

其实巴黎在世界各处无所不在。也许你没有去过巴黎，但你很可能在自己生活的城市的某个叫做“左岸”的咖啡馆里留连；你不必出国门，就可以领略来自巴黎（或者号称来自巴黎）的时尚产品，可以感受巴黎的“春天”。可是你打算什么时候去一趟真正的巴黎呢?

城市历史： 耶路撒冷距今大约有5000年的历史，其所在地最早叫“耶布斯”。相传大约5000年前，阿拉伯迦南人的一个名叫“耶布斯”的部落从阿拉伯半岛迁徙到这里定居，并以部落的名字命名此地。大约在公元前1000年左右，犹太王国创始人大卫征服了这个地方，将它作为犹太王国的都城。

耶路撒冷长期以来是巴勒斯坦人和以色列人聚居的城市。为了制止三教的争夺，第二次世界大战后，联合国大会决议规定耶路撒冷国际化，由联合国管理。1948~1949年，以色列占领耶路撒冷西部，建立新市区。约旦守住东部的老城。在东、西占领区中间布设砖墙、铁丝网、地雷，隔绝来往。1967年，第三次中东战争打响，以色列夺取老城，全部占领耶路撒冷，拆除东西界墙，驱逐阿拉伯居民，并于1980年7月宣布耶路撒冷为其永久的首都。1988年11月，巴勒斯坦全国委员会第19次特别会议通过《独立宣言》，宣布耶路撒冷为新成立的巴勒斯坦国首都。

Jerusalem

耶路撒冷：历史的气息

世界若有十分美，

九分在耶路撒冷。

——《塔木德》

自古以来，世界上没有哪个城市可以像耶路撒冷那样，被投注那么多的信仰。身为三大宗教共同的“圣城”，它接受着来自全世界18亿教徒的顶礼膜拜，神圣不可方物。

犹太教说，这是上帝赐给他们的土地，古代犹太王国的首都，城内锡安山上还有他们的宗教圣殿；

基督教说，这是耶稣诞生、传教、牺牲、复活的地方，当然是无可替代的圣地；

伊斯兰教说，这是穆罕默德夜游登高聆听真主安拉祝福和启示的圣城，有世界上最美丽的清真寺。

这片不到1平方公里的土地上，集中了三大宗教的精神重心，耶路撒冷实在是不堪重负了。在希伯来语中，耶路撒冷是“和平之都”的意思，但和平对于耶路撒冷来说却无比遥远。三大教的信徒都热爱圣城，为了争夺圣地，几千年来这

a knowledgeable tourist

☞ 人口：62万。

☞ 气候：夏季高温干燥，冬季湿润多雨，全年平均气温在13~26℃。

☞ 通用语言：希伯莱语和阿拉伯语。

☞ 货币：以色列谢克尔。

☞ 最佳旅游季节：每年的4~10月的旱季，可以避开连绵的阴雨天气。

☞ 地理位置：亚非交接处，地中海东岸的巴勒斯坦中部。

☞ 城市概况：现有的耶路撒冷，总面积108平方公里。而通常所称的“圣城”，即老城，位于东区，只占城市一小角，面积1平方公里。城内主要建筑是宗教寺庙，居民多为宗教职业者和经营圣品的小商人。

里不知道发生过多少次残酷的征战。直到今天，仍然有人说，世界的麻烦在中东，中东的麻烦在阿以，阿以的麻烦在耶路撒冷。在战乱中，它先后18次被毁灭，成为废墟后，毁城者还要用犁再铲一遍，灭绝任何让人怀念的种子，但它又一次次奇迹般地重建，每一次复兴后依然汇聚着世上最狂热的爱和恨。耶路撒冷的不幸，也许就在于它被迫承担了走向极端的多元文明在零距离碰撞时产生的爆炸。

如今的耶路撒冷市区分为新城和旧城两部分。新城区位于西部，比老城区大好几倍，大部分是现代化建筑群。老城位于东部，由一道高高的城墙围起，城墙内分为基督教区、阿拉伯区、犹太区、亚美尼亚天主教区和圣殿山区。现存的城墙是16世纪土耳其人建造的，共有8座城门，分别通向不同的宗教区。

走进旧城城门，眼前就是一个活生生的中世纪。无数迷宫般陈旧拥挤的巷道从茫茫历史中延伸到脚下，每一块灰白的路石都被岁月打磨得光滑照人，四周弥漫的气味，神秘的悠远中透着沧桑的厚重。三大宗教的烙印深深地打在城中每一个角落，凡是《旧约》、《新约》中提到的人名、事件和有关地方，都可以在这里找到相应的教堂和殿宇。走在这样的街道上，恍惚间往往不知身在何处，每一个曲折转弯处、每一扇小门开阖间也许就把你带进了记忆中只在书上读到过的故事。

黄昏时分是耶路撒冷最美的时候，温暖的阳光投射在城内建筑的石墙上，整个城市弥漫着金黄色的光辉，明亮而美丽，圣城之圣就在这一刻以最最原始的方式喷薄而出。“金城耶路撒冷”（Jerusalem of Gold）中这样唱道，“山林的气息美酒般清爽，黄金之城，青铜之城；耶路撒冷，到处充满光芒；我用我的琴声，永远为你歌唱……”也许，这才是层层宗教历史悲情之下，古城耶路撒冷的本来面目。

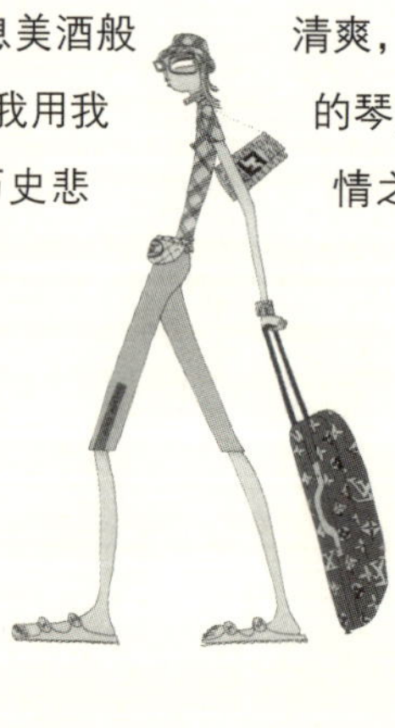

take my Tips 不可不看

INFORMATION

☞ 西墙（The Western Wall）

对于犹太人来说，耶路撒冷旧城中最神圣的地方莫过于3000多年以前，由所罗门建造的供奉“十诫”法柜的圣殿，圣殿曾先后被巴比伦和罗马人摧毁，现在只留下庭院西边的一段围墙，也就是举世闻名的西墙，又叫哭墙（the Wailing Wall）。传说当年罗马人焚烧圣城时，有6位天使坐在墙上哭泣，泪水粘结石缝，大墙因此永远不倒。西墙是犹太人心中民族不灭的象征，罗马人占领耶路撒冷时，犹太人常聚集在这里哭泣。此后千百年来，流落到世界各地的犹太人，每当回到圣城，必然来到墙前手握经书，低声哭泣，默默祈祷，还有人将写上祈祷字句的纸条塞入墙壁石缝中。历经了千年的风雨和朝圣者的触摸，西墙石头也泛泛发光，如泣如诉，成了名副其实的哭墙。

☞ 萨赫莱清真寺（Dome of Rock）

在哭墙边沿石阶而上，不出几步就可以看到萨赫莱清真寺金光闪闪的巨大圆顶。这里是伊斯兰教的圣地，也是犹太人的禁地。根据犹太法典，在救世主弥撒亚到临之前，圣殿不得重建，犹太子民不得踏入。清真寺的金色圆顶由真正的金箔贴成，修复时动用了176磅24K金。金碧辉煌的圆顶下面，用铜栏杆围着一块形状不规则的岩石供信徒朝拜。相传穆罕默德在沉睡中被天使唤醒，乘飞马从麦加飞到耶路撒冷，就是踩在这块圣石上，飞上九重天，接受上天的启示。

☞ 阿克萨清真寺（El Aksa Mosque）

仅次于麦加禁寺和麦地那圣寺的伊斯兰教第三大圣寺。

置身浓雾的伦敦街头，仿佛自己也是旧贵族的一员了。

——R.德莱塞

伦敦

London

还记得三毛在一本书里写过，有一段时间她常梦到自己站在伦敦街头，灰色浓雾中的她，穿着一袭鲜艳如血的红裙。伦敦在人们心中的形象大概也就是这样：浓雾，阴冷的天气，湿漉漉的街道。我们可能读了太多关于伦敦，或发生在伦敦的故事，也不知为什么，这些故事的人物和环境出奇地相像，想到伦敦人，就想到《八十天环游地球》中那个斯文守时，机智又刻板的福克先生，或是那些下午聚集在小客厅里，看书、玩牌、闲聊的淑女。想到伦敦的孩子，不由想到童年的大卫・科波菲尔，甚至想到伦敦的警察，都觉得逃不脱福尔摩斯的影子。

其实，这些都是文学典籍中的伦敦，现实中的伦敦自从狄更斯时代以来早已发生了天翻地覆的变化。

19世纪初威廉・华兹华斯（William Wordsworth）曾做诗赞美笼罩在晨曦中的伦敦，感叹那难得的没有烟雾的空气是如何清澈可爱。如果华兹华斯活在今天，也就不会如此陶醉于日出时空气的片刻清澈了。伦敦自从将重工业迁出城区，并且采用集中供暖以后，

a knowledgeable tourist

☞ 人口：700万。

☞ 气候：伦敦气候凉爽宜人。7月平均气温17.7℃，最高气温也只有33.8℃。伦敦的夏天是旅游的最佳季节。

☞ 经济：银行业，旅游业，零售和制造业。

早已不再是“雾都”了。不过伦敦的冬天依然漫长，天气也依旧阴郁。如果冬天去伦敦，或许还能找到一点过去人们印象中的“雾都”感觉。而一到5、6月份入夏的季节，伦敦便成了繁花似锦的城市，各种仪式和活动也就多起来，天气在伦敦确实是个很重要的因素，难怪英国人一向以天气为见面寒暄的话题。英国小说经常描写上流社会的淑女们急不可耐地等待社交季节开始，尤其是第一次出现在社交场合的少女，更等待着在第一个社交季节就“俘获”如意郎君。现在的伦敦人当然不再整天无所事事只为社交而存在，但是人们等待夏天的心情毫不逊色于当年期待社交季节开始的女孩子们。有趣的是，英国女王伊丽莎白二世的生日是4月21日，而她的生日庆典却放在每年6月的第二个星期六举行。为了迎合天气，连女王的生日都可以改期，足见天气在伦敦的重要。

伦敦没有巴黎的浪漫，没有巴塞罗那的热情奔放，没有纽约的喧嚣与骚动，也没有威尼斯的水乡情调，它没有什么极端的特点，有的只是和谐与宁静中的一种文化氛围，也许是因为常年伴着比较保守的英国王室的原因吧。伦敦很多景点都与王室有关，如白金汉宫（Buckingham Palace），威斯敏斯特教堂（Westminster Abbey），伦敦塔（Tower of London）等等。白金汉宫的皇家卫队交接仪式

是每天必定上演的节目，交班的时间像大笨钟（Big Ben）一样准时。身穿红色制服，头戴黑熊皮帽的卫兵，不论游客如何照相，或者对他们做出什么表情，他们都岿然站立，不受一丝一毫的影响。人们到伦敦无论如何要来看交接仪式，也就是验证一下心目中伦敦人的守时和不苟言笑。看过了，才觉得真正到过伦敦了。

要了解真实的伦敦人，酒吧（pub）不可不去。伦敦人爱喝啤酒，平时喜欢聚在酒吧喝几杯，聊聊天。一块儿喝一杯啤酒以后，冷静的伦敦人也会慢慢露出自己的热情来。其实伦敦也好，伦敦人也罢，岂是几句话定义得了的？他们与书本上的差距，只有靠你慢慢走进伦敦，自己去发现。

take my Tips 不可不看

☞ 白金汉宫（Buckingham Palace）：

1703年由白金汉公爵建成，1762年被乔治三世买下送给他的妻子，而直到维多利亚女王登基进驻以后，白金汉宫才真正成为皇室的象征。如果宫殿上方飘扬着国旗，说明伊丽莎白女王正住在宫中。对游客来说，到白金汉宫一定不能错过卫兵交接的皇家仪式，那些身着鲜红制服，头戴黑熊皮高帽的卫兵也已经成了伦敦，乃至英国的象征。

☞ 伦敦塔桥（Tower Bridge）：

著名的童谣“London bridge is falling down”唱的就是这座桥的前身。由原先的木桥，到后来的石桥，再到现在人们看到的全长270米，桥面宽100米的钢铁大桥，这其间经过了将近八九百年的时间。现在的伦敦塔桥1894年完工，每当有大船经过，桥面就可以呈八字形分开吊起。这一壮观的场面在很多电影情节中出现。电影《伦敦上空的鹰》中最惊险的一幕便是在这座可以开闭的桥上展开。塔桥的塔身里是博物馆，在里面可以欣赏泰晤士河的美景。

☞ 海德公园（Hyde Park）：
伦敦最著名的公园，曾是国王的猎鹿场。这里有著名的演讲角，每天都有人在这里发表自己的观点，练习演讲技巧。

☞ 大笨钟（Big Ben）：
建于1859年，为了纪念负责钟塔工程的本杰明·霍尔，人们亲切地把这个13吨重的大钟叫做"大笨钟"（Big Ben）。

☞ 威斯敏斯特教堂（Westminster Abbey）：
是伦敦最杰出的哥特式建筑，这里是历代国王加冕登基、举行婚礼庆典的地方，也是英国的王室陵墓所在地。最后一个在这里举行葬礼的王室成员是已故王妃黛安娜。除了王室陵墓外，这里也安葬着许多伟大人物，包括牛顿、达尔文、邱吉尔等。

☞ 伦敦塔（Tower of London）：
在这座由皇室住所演变而来的监狱里，发生过许多悲惨的暗杀，包括年幼的爱德华五世也正是在这里被暗杀。这是一个充满血腥味的所在。

威尼斯

天堂，就是由水、迷人的河道还有小船组成的吧？

——R.罗素

城市历史：威尼斯城有700年历史。最初由一群逃荒的人在一座小岛上建成。13世纪十字军东征的时候，威尼斯人贡献了君士坦丁堡，成了地中海的霸主，后来威尼斯的繁荣富贵，艺术、绘画、建筑、音乐的登峰造极都来源于此后三四百年间威尼斯在地中海的称霸和敛财。

Venice

这个不到8平方公里的城市，却被100多条蛛网般密布的运河割成100多座小岛，岛与岛之间只凭各式桥梁错落连接，初来乍到很快便会迷失在这座“水城”中。好在有大运河（Grand Canal）呈S形贯穿整个城市，沿着这条号称“威尼斯最长的街道”，可以饱览威尼斯的精华而不用担心迷路。沿岸的近200栋宫殿豪宅和7座教堂，多半建于14~16世纪，有拜占庭风格、哥特风格、巴洛克风格、威尼斯风格等等，所有建筑的地基都淹没在水中，看起来就像水中升起的一座艺术长廊。平日里人运河真的像一条熙熙攘攘的大街，各式船只往来穿梭其上，最别致的当然还是刚朵拉（gondola）。

虽说威尼斯的守护神和城市象征是圣马克广场上那头带翅膀的狮子，可在人们心中，说到威尼斯就自然会想到穿梭于水巷中的刚朵拉。这是一种月牙形的黑色平底小船，几百年前，威尼斯贵族们喜欢乘坐雕刻精美，装饰着绫罗绸缎的刚朵拉互相斗富。为了刹住这种奢靡的风气，威尼斯政府颁布了一条法令，禁止把刚朵拉漆成彩色，于是，曾经争奇斗艳的刚朵拉都变成了今天人们看到的黑色小船。

船行之处，处处有桥，最有名的莫过于叹息桥。它是连接总督府和监狱的一座封闭式的巴洛克风格的桥。至于为什么这座桥有这么个无奈的名字，说法很多，其中一个说的是一名死囚走过叹息桥时，透过桥上的窗户看到对面房子里自己的女友拥抱着新情人，不禁深深叹息。叹息桥因此得名。不管这个传说是不是有来由，至少现在的叹息桥已经成了恋人见证爱情的地方，据说只要在桥下拥吻，爱情就能天长地久。无数情侣在这里上演深情一幕，也算得上是威尼斯的一景。

a knowledgeable tourist

☞ 地理位置：意大利东北部。

☞ 城市概况：威尼斯外形像海豚，城市面积不到7.8平方公里，却由118个小岛组成，177条运河蛛网一样密布其间，这些小岛和运河由大约350座桥相连。整个城市只靠一条长堤与意大利大陆半岛连接。

☞ 人口：将近7万人。

☞ 气候：潮湿。

☞ 城市经济：半数以上的人口从事旅游业或相关产业。

☞ 最佳旅游季节：黄金季节：7、8月；9月一年一度的刚朵拉节以及2、3月的冬季狂欢节前后。

☞ 艺术：威尼斯画派代表人物：提香，乔尔乔纳，贝里尼，丁托列托，委罗内塞。

take my Tips 不可不看

☞ 圣马克广场（Piazza San Marco）：

威尼斯市中心，最热闹繁华的地方，大约有4个足球场大小，被拿破仑称为“欧洲最美丽的客厅”。广场分别被圣马克教堂、钟楼、新市政厅、克雷尔（Correr）博物馆和总督府环绕。广场边就是几家著名的咖啡馆，拜伦、狄更斯都曾经在这里的露天咖啡座品咖啡。广场上纷飞的鸽子是广场的另一特色。

☞ 圣马克大教堂（Basilica di San Marco）：

建于公元9世纪，为纪念圣徒圣马克而建，融合了拜占庭、哥特、伊斯兰等各种建筑风格。教堂装饰极尽奢华之能事，陈列了许多威尼斯的十字军从君士坦丁堡掠夺来的战利品。

☞ 钟楼（Campanile）：

乘电梯上钟楼眺望，整个威尼斯的迷人景色尽收眼底。当年伽利略曾在这里向总督展示自己的望远镜。

☞ 狂欢节：

威尼斯每年2、3月都有狂欢节。人们戴上夸张的面具，穿着华丽的复古装束，聚在河边或者乘船夜游。面具掩盖了大家的真实身分，所以人们可以毫无顾忌，恣意狂欢。整晚的音乐，整晚的欢庆，这是一场不散的夜宴。狂欢节的习俗最初起源于那些喜欢隐姓埋名到赌场厮混的威尼斯贵族，后来演变成为欧洲最具有异国情调，多姿多彩的节日。

☞ 相关书籍：

朱自清的《威尼斯》，莎士比亚《威尼斯商人》，歌德《意大利之旅》等。

旧金山：没什么是不可能的

San Francisco

曾经属于梦想，
以后也还将属于梦想。
——H.斯宾塞

☞城市概况：旧金山是美国与太平洋地区贸易的主要海港，素有“西海岸门户”之称。市区面积119平方公里，城市经济以服务业、商业和金融业为主，是美国西部金融中心，是太平洋岸证券交易所和美国最大的银行——美洲银行总部所在地。全球著名的IT行业中心硅谷，就在旧金山的南端。位于伯克利的加州大学，是全美最著名的大学之一。旧金山居民民族构成复杂，其中非白种人约占总人口2/5以上，以黑人、华人、日本人、菲律宾人居多。来自世界各地的移民分区而居，形成语言文化、风俗习惯和宗教礼仪迥异的社区。
旧金山市中心街道呈格子状向东西、南北伸展，住宅区房屋密度很高，房屋盘山而建，街道迂回曲折，坡度较大，因而使用独特的交通工具缆车，也成为旧金山一景。

☞地理位置：美国加利福尼亚州西北部，美国西海岸中点，是太平洋沿岸仅次于洛杉矶的第二大港口城市。

如果你问美国人，最想住在自己国家的哪个城市，旧金山绝对是前五名。冬暖夏凉的气候、蔚蓝如洗的晴空、妩媚旖旎的海滩、精妙绝伦的维多利亚式建筑群、浪漫怀旧的电缆车、永远像在过年的联合广场和渔人码头，都使旧金山无愧于全美最美丽的城市这一盛名。但是旧金山真正令人心醉的，还在于这个城市从骨子里透出的包容力。

有一项调查显示，大多数当地居民都对自己居住在旧金山“感到非常满意”，其中包括了87%的同性恋者、81%的异性恋者、77%的亚裔、77%的非裔和西裔，以及81%的白人。

这揭示了一个事实，旧金山是一个道地崇尚“多元化”的城市。在这里，同性恋者泰然自若地在屋顶插上彩虹旗，与异性恋者比邻而居；在这里，白人、黑人、黄种人和谐共处，唐人街连着北滩的拉丁区，日本城直通联合广场；在这里，你可以看到专以造型取胜的街头艺人，有的把全身漆成五彩斑斓，有的扮成巫婆、小丑甚至黑色幽灵；在这里，你可以看到头顶红绿头发的年轻人招摇过市，同性恋情侣公然在街头拥吻。在这片土地上，任何的标新立异都不会招来旁人的侧目，每个人都是特立独行的楷模。

旧金山的宽宏大度是一种浑然天成的气质，是在饮食、建筑、音乐等所有城市生活层面上不经意的自然流露。在这里，除了美味新鲜富于创意的加州菜之外，你也可以吃到全美最棒的法国大餐、意大利菜、日本料理和中国美食；在这里，遍布全市的维多利亚式

San Francisco

☞城市历史：1776年是西班牙移民拓居地。1806年俄国在此设哨所，作为当时阿拉斯加的物资供应站。1821年属墨西哥。1846年归美国时，是一个居民不到千人的小镇。1848年附近地区发现金矿，大批淘金者涌入。1850年设市时，人口已增至2.5万人，成为贸易和为矿业服务的中心，附近地区的农业也有所发展。1880年后开始向海湾以东地区扩展，形成若干卫星城。1906年大地震时全城80%建筑被毁，后迅速重建。1914年巴拿马运河通航，港口日益繁荣，贸易量激增。第二次世界大战后，工、商、金融、旅游服务业和市政建设均有较大发展，大市区由单一中心扩展为由旧金山、奥克兰和圣何塞三大中心组成的城镇群。

INFORMATION

take my Tips 不可不看

☞ 金门大桥（Golden Gate Bridge）

金门桥建于1937年，耗资达300万美元，是世界上最大的单孔吊桥之一，金门桥长达2780米，从海面到桥中心部的高度约为67米。桥两端有两座高达227米的塔。金门桥桔黄色的桥梁两端矗立着钢柱，用粗钢索相连，钢索中点下垂，几乎接近桥身，钢索和桥身用一根根细钢绳连接起来。整座金门桥显得朴素无华而又雄伟壮观。为了纪念设计者工程师斯特劳斯，人们把他的铜像安放在桥畔。

金门桥落成当天，有20万人兴高采烈地走过大桥来庆祝这个日子。今天的金门桥是世界上最繁忙的桥梁之一，每天都有约10万辆汽车从桥上隆隆驶过。

☞ 渔人码头（Fisherman’s Wharf）

渔人码头过去曾是意大利渔夫的停泊码头，如今已是旧金山最热门的去处，终年热闹非凡。杰弗逊街和泰勒街交汇处的巨蟹标记是渔人码头的象征。各国观光客来到旧金山都要来这里享受一顿新鲜美味的海产宴。码头附近还有海洋公园博物馆等。

☞ 九曲花街

斜街是旧金山的一大特色。从浪巴街到利文街这一段是一个大下坡，市政当局为了防止交通事故，特意修筑花坛，车行至此，只能盘旋而下，时速不得超过5英里，这段街道因此有“世界上最弯曲的街道”之称。来到旧金山，游客大多要来这里考验一下自己的驾驶技术。

车道两边的花坛里种满了玫瑰，街两边家家户户也都在门口养花种草，花开时节，远远望去，有如一幅斜挂着的绒绣，美不胜收，“花街”的美名，因此而来。

房屋固然赏心悦目，希腊罗马式的“艺术宫”、雕龙镂凤的唐人街城门、地道东洋味的日本城五重塔、北滩上漆着意大利彩画的餐馆一样让你目不暇接；在这里，各种你所期望的大城市中的艺术表演应有尽有，世界级的芭蕾舞、高雅的古典音乐、百老汇的音乐剧、缠绵悱恻的爵士乐，无分高下，共同浑然溶入旧金山的城市节拍之中。这一切都应验了美国作家威廉·萨洛扬所说的，“如果你还活着，旧金山不会使你厌倦；如果你已经死了，旧金山会让你起死回生。”

正是这种兼容并包的城市精神，孕育了33位诺贝尔奖获得者，创造了硅谷千千万万奇迹般的成功故事；也是这座城市，给了我们“垮掉的一代”、“嬉皮士”革命、同性恋的的示威，还有雅皮士。

如果你去旧金山，别忘了戴朵花，把心留下。

San Francisco

a knowledgeable tourist

☞ 人口：73万。

☞ 气候：冬季比较潮湿，夏季多雾且天气变化较大，年平均气温在13~24℃。

☞ 通用语言：英语为主，不同的民族社区各有自己的语言。

☞ 货币：美元。

☞ 最佳旅游季节：旧金山全年都适合旅游，每月都有节庆活动。
1~2月 中国的春节 /3月 爱尔兰的圣帕特克纪念日
4月 日本社区的樱花节、旧金山电影节 /5月 1862年墨西哥人战胜法军纪念日
6月 “男女同性恋自由日”游行 /7月 美国独立日
8~9月 旧金山博览会、布鲁斯节 /10月 哥伦布日、万圣节
11月 墨西哥社区的纪念亡灵节、旧金山爵士乐节、感恩节
12月圣诞节，狂欢的良机

探险者只在野外流连

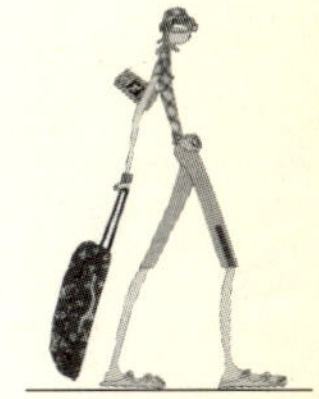

Serengeti

大自然竟是如此的完美！　　——华盛顿·欧文

塞伦盖蒂——流动不息的土地

长久以来，非洲在我们心目中一直是个遥远而神秘的地方。说到这片土地，脑海中浮现的画面相当复杂，有触目惊心的饥荒、战乱的新闻纪实照片，有美国《国家地理》杂志特别偏好的非洲主题封面照片，当然还有《乞利马扎罗之雪》中的那只伏在山顶的猎豹。这片土地绝不是一个人，一本书，一部电影就能够完全展现的，但是不管从何种角度介绍非洲大地，总是逃不开野生动物。

有人说，野生动物与非洲大陆这片神秘的土地之间有种人类永远无法介入的纽带，位于坦桑尼亚和肯尼亚之间的塞伦盖蒂大草原验证了这种说法。

塞伦盖蒂在马萨伊语里意思是“永远流动的土地”，这个名称也许来源于生活在这片草原上的动物每年大规模迁徙的习性。每到7、8月份，草原上成千上万的

☞地理概况：非洲东部，肯尼亚和坦桑尼亚之间的草原，方圆31080平方公里，包括坦桑尼亚的塞伦盖蒂国家公园和肯尼亚的马萨伊玛拉野生动物保护区，其中，马萨伊玛拉野生动物保护区是肯尼亚最大的野生动物保护区，也是土著马萨伊人聚居的地方。

☞语言：斯瓦希里语，英语，马萨伊语。

☞气候：平均最低气温15℃，平均最高气温26℃，每年3~6月为雨季。

☞野生动物：塞伦盖蒂草原上生活着200万种野生动物，包括150万头瞪羚，2000头狮子和250头猎豹。每年6月，草原上的旱季开始，成群的野生动物便从塞伦盖蒂草原西部大规模迁徙到北部有河流的地方，待到雨季开始，动物们又到东南部去产仔，然后再回到草原西部。它们每年都走着同样的路线，周而复始，年年如一。

动物居民便由塞伦盖蒂草原西部迁移到北部水草丰美的地方，10 月则南下准备产仔，然后再折回到草原西部。年年如此。不论路上会遇到什么恶劣的天气和环境，不论路上有多少天敌在伺机吞噬它们的幼仔，它们迁徙的时间和路线像时钟般准确，如地球自转般无法变更。这片草原上的动物已经将每年的千里迁徙化入了本能之中。它们为什么迁徙？为什么总是走同样的路线，他们怎么把这些迁徙的知识传给族群中的幼仔？科学家们试图了解其中的奥秘，但你若不是一匹角马，又怎能知道迁徙对它们究竟意味着什么？

我们什么都不知道，我们惟有做一个局外人观赏与赞叹。坐着车顶可以打开的面包车进入塞伦盖蒂草原，你便走进了奇异的野生动物世界，大象、水牛、斑马、河马、羚羊、长颈鹿是随处可见的，运气好还能看到狮子、秃鹰或者鸵鸟。只要算准了时刻，守候在动物们迁徙的必经之路上，你便能看到连绵不绝的大队斑马、角马在草原上自由奔驰。它们奔跑着，扬起的尘土在阳光照射下好似笼罩在草原上的一层轻纱。也许应该用气势磅礴来形容这样壮观的迁徙场面吧，耳边的轰鸣，眼前的马群，都是生命力量的展示。这力量如此神奇，能冲破一切阻碍。坦桑尼亚政府曾一度出于人类发展的角度考虑，在动物们迁徙的路上设置了有刺的金属围栏，阻止它们北上。人类企图介入塞伦盖蒂的秩序，阻挡成千上万的动物进行了千年的旅程，结果当然是迁徙大军毫不客气地踏平了围栏，继续它们的千里征程。没有什么能够阻挡它们，它们才是这里的主人。塞伦盖蒂草原的流动不会因为任何一个人而停止。这就是生命的本质。在这里，你会发现，一匹马最美的时刻是没有任何骑手驾驭，没有任何笼头束缚，自由奔驰的那一瞬间。生命的魅力在这些不断前进的动物身上展露无疑。

也许惟一能够多少介入塞伦盖蒂这片神奇的自然世界的人类就是当地土著居民马萨伊人。不过他们在外人眼里看来也是奇异一族，他们居住在用牛粪建成的房子里，穿着特别的马萨伊民族服装，尤其让人惊讶的是他们的耳廓上穿满了各种饰物，甚至连鼻子上也都挂满了饰品。他们同样是我们无法了解的一群人。

我们不会停止我们对塞伦盖蒂的探索，而塞伦盖蒂的主人也不会因为我们的打扰而停止它们的迁徙。塞伦盖蒂的流动是永恒的。

加拿大落基山脉

——远足的乐趣

Canadian Rockies

从这里，我们接近天堂。

——华盛顿·欧文

Canadian Rockies

世界上美丽的山脉很多，但是没有一个可以和落基山脉相比，这里的峰峦绝顶、冰川瀑布、山间温泉，还有常青的森林都是无可比拟的。有人说，加拿大落基山脉是一座可以膜拜的神庙。因为只有到了这里，你才会感到造物的神奇，天地的广阔和自我的渺小。也有人说落基山脉等于“将50个瑞士融合在一起”，这也不算夸张。加拿大境内的落基山脉两侧方圆近3万平方公里的土地上，分布着4个世界遗产级的国家公园以及3个省级自然保护公园，还有众多零散的动物保护中心，自然保护区公园等等。在这里，你可以看到原始森林、冰川、瀑布、河流、大湖、温泉……一切你能够想像到的自然景观都汇聚在这里。

这里完全是大自然的世界，少有人烟，你可以享受完全一个人独处的感觉，也可以享受与大自然亲近的乐趣。要体验这种乐趣，最好的莫过于带上背包登山远足。

加拿大落基山脉四季阳光普照，气候怡人，春天山谷中一片新绿，百花盛开；夏季白天虽热，但到晚上也就凉爽起来；秋天气候干燥，山中层林尽染，颜色煞是好看；冬季虽然寒冷，但是天空湛蓝。这就是山间的四时了。每个季节在山区远足都会有一番不同的发现和感受。

行走在任何一个季节，你都可以欣赏到四季常青的原始森林、静谧的河谷、水彩画般美丽的湖泊和河流、瀑布、温泉，还有神奇的史前时代遗留下来的冰川。加拿大落基山脉没有像尼亚加拉大瀑布那样全世界闻名的景观，但是沿着山中的小径，你会发现这里随处是风景，步步都精彩。

在山中行走的你永远不会感到寂寞或者单调。你会看到小田鼠，或者山鼠伏在一块大石头上注视着你，它们的嘴里叼着花茎，准备搬回去做窝。你也可能与一只山羊四目相对，它见了你并不逃遁，只是和你保持着一段距离，警惕地打量着你。你走向一条河边汲水，也许一头驼鹿刚刚喝完水离开，你们擦肩而过，却互不理睬。如果看到黑熊，也不要害怕，多数情况它并不伤人，你遇到它的时候，它可能正搬开一块巨石寻找旱獭做午餐。

你行走的脚步加快，但你的生活节奏却慢将下来。你所有感官都开始苏醒，你开始体验生活的乐趣。

☞ 气候：昼夜温差很大，夏季白天平均气温为22℃，夜晚平均7℃。冬季白天平均气温为-3℃，夜晚平均气温-15℃。英属哥伦比亚这边的落基山脉气候比艾伯塔那边的略微温暖一点。

☞ 最佳旅游季节：四季皆宜，各有特色。

☞ 野生动物：这一地区共有70种本地哺乳动物，包括黑熊、狼、驼鹿、麋鹿、旱獭、老鹰、鱼鹰等。

a knowledgeable tourist

☞ 地理概况：

加拿大落基山脉包括艾伯塔（Alberta）的西南角和英属哥伦比亚省（British Columbia）的东南角。这里的落基山脉绵延40公里。加拿大落基山脉于1984年被联合国教科文组织划定为世界遗产，划入地区包括Alberta和英属哥伦比亚省交界处的落基山脉，包括班夫（Banff）、贾斯珀（Jasper）、约霍（Yoho）和库特尼（Kootenay）4个毗邻的国家公园，以及罗布森山（Mount Robson）、阿悉尼伯因山（Mount Assiniboine）和汉拔（Hamber）3个英属哥伦比亚省公园。方圆总共26000平方公里。最为著名的是班夫国家公园和贾斯珀国家公园，其中班夫每年游客有400万。落基山脉最高峰是罗布森峰，海拔3956米。

有君临天下之感！ ——A.阿克顿
澳洲内陆
Australian Outback

☞ 地理位置：澳洲大陆的大部分地区。

☞ 面积：约 250 万平方英里。

☞ 人口：少于 6 万。

☞ 语言：澳大利亚英语。

☞ 气候：澳洲内陆几乎是沙漠地带，夏季白天温度经常在 40℃ 以上，而且非常干燥，相反，冬季的白天温度大约 25~28℃，是最适合观光的季节。但是，澳洲内陆冬季日夜温差极大，深夜有时骤降至 5~6℃。

a knowledgeable tourist

take my Tips 不可不看

☞ 艾丽斯泉（Alice Spring）：位于澳大利亚中心地带的绿洲，附近景点众多。

☞ 以南97公里处的彩虹谷（Rainbow Valley）：悬崖林立，景色绝美，日出日落时分景色尤其诱人。

☞ 西南467公里的乌奴奴国家公园（Uluru-Kata Tjuta National Park）：有许多土著文化圣地及闻名于世的岩石，如奥加斯岩（Olgas / Kata Tjuta）和艾尔斯岩（Ayers Rock / Uluru），后者是世界上最大的独立石。

☞ 以西434公里的帝王谷（Kings Canyon）：是一个高达将近300公尺、绵延1公里的宏伟峡谷。失落之城（Lost City）和伊甸园（Garden of Eden）都以古代的苏铁棕榈（cycad palms）而闻名。

☞ 艾丽斯泉西侧被麦当奴山脉（MacDonnell Ranges）所包围，西面18公里处是辛普森山峡（Simpson's Gap），西面50公里处则是史丹利山涧（Standley Chasm），山势陡峭，如刀砍斧削，日光照射在岩壁上，色彩变幻万千。再往西走是奥美斯顿峡谷（Ormiston Gorge)和爱乐湾大洞（Ellery Creek Big Hole）。玫瑰河（Rose River）在艾丽斯泉东88公里处，这里有最早拓荒时的牧场，现已改建成度假区。

第一眼看见澳大利亚内陆那一大片空灵的荒原时，心里的震撼只有海洋的记忆可以比拟。天空是无杂尘的蓝，蓝得干燥干脆；天尽头泼辣辣地横铺开一片汹涌起伏的赭红，带着血液流动的气势，沉默中传递出深不可测的力度，让你忍不住地向往，又忍不住地惶恐。

在这一望无际的红色原野的中央，心脏的部位，有一块石头毫无征兆地拔地而起，高 348 米，绕着走一圈是 9.4 公里，孤独中带着君临天下的霸气。就是这么一块石头，让许多人千里迢迢，不怕路途艰苦地来到澳洲荒漠。因为它是一块有生命的石头。

它有自己的名字。曾经叫做艾尔斯，现在恢复了本名乌鲁鲁。那是最早发现这片大陆的土著人起的名字，意思是“大地之母”。土著人视它为神圣不可侵犯的圣地，名字中便透着一种尊敬。

它有自己的心情。清晨，当第一道曙光抹上它酣然沉睡的身躯，生命被悄悄投注，它欣然焕发出金黄的光芒；太阳渐渐爬高，仿佛有生命活泼泼地在它体内成长，它也随之换着新颜，从粉红逐渐到深红；浴日的石，体态虽然庞大，此时却隐然带了一丝娇羞之气；傍晚，夕阳西下，生命之火逐渐黯淡，它由红转紫，最后黯然没入黑暗之中。生死轮回，对人，是一辈子的事，对它，却是每天的平常经历。于是，它那并不嶙峋的棱角里，就透出了一种神秘，一种灵气，一种不属于这个世界的“超然怪异”。

它不高，却极陡。这也是一种态度，自立于天地之间，何劳旁人亲近。如果你想体会征服的快感而攀顶，那注定是要失望的。将它踩在脚下的那一刻，眼睛被红色的广袤填满，心里洋溢着的是敬意，感激它慷慨地将这等自然实在的辽远意境和壮阔气势展现眼前。

见过它，你永远不会忘记。古老、奇特而孤绝，这场大自然无声的演出，人既是观众，也是演员，被震撼同时也被启示。

巴布亚新几内亚的珊瑚礁

Papua New Guinea Coral Reefs

海洋的色彩比虹还要瑰丽。

——保罗·阿拉杜

如果上帝要在地球上创造一个伊甸园，他会选择哪里呢？很可能会是巴布亚新几内亚——印度洋和太平洋上最后一片未被污染的净土。这里有南太平洋最全的陆栖生态物种，是动植物的世界，具体说来，这里有5种低地雨林，13种山区雨林，5种棕榈林和沼泽林，3种红树林，仅蛙类便有近200种，蝴蝶超过400种，各种鸟类更超过700种。倒像是上帝刻意把物种都聚集在这里，人类反而显得只是一种“少数民族”。

这里更是珊瑚礁的天堂，450个珊瑚种类让人眼界大开。尽管巴布亚新几内亚被称为地球上最后未开发的地区，尽管铺好的公路只有686公里，而且多在沿海地带和极少数的山地地区，尽管这里的部落纠纷让外人不敢介入，但是各种旅游手册绝不会遗漏这个天边的角落，每年至少有近3万游客来此游玩。确实，这里茂盛的热带雨林和多样的原始珊瑚礁实在是太诱人了。这里任何一处礁石丛中生长的珊

☞ 地理概况：巴布亚新几内亚位于西南太平洋，西邻印度尼西亚，南邻澳大利亚。岛国由北部的新几内和南部的巴布亚两部分组成，主要包括新英格兰、新爱尔兰、曼纳斯、布干维尔和布卡等大小岛屿共600多个，各岛都以崎岖的山地地形为主，生态物种丰富多样。

首都莫尔兹比港(Port Moresby)。马当市（Madang Province）被称为南太平洋最美的城市，著名的珊瑚礁群位于巴布亚新几内亚的东部海岸。

瑚种类都相当于加勒比海所有珊瑚种类的总和。

如果你喜欢潜水，远足，漂流，观察野生动植物，丛林探险，探洞，探索各种土著部落文化中的任何一样，你都会喜欢巴布亚新几内亚。如果你是个潜水爱好者，那么你此生惟一的乐土便是巴布亚新几内亚，这里是潜水者的天堂。

如果说巴布亚新几内亚陆地上的景色还不算独一无二的话，它奇妙的海底景观一定是举世无双，你必须得亲自潜入这片神奇的海域才能领略。潜入这片澄净的热带海洋，你便可以在碧蓝透明的海水中畅游，亲近多姿多彩的珊瑚丛，看它们像海底的鲜花般绽放。还有那些色彩鲜艳、形态各异的热带鱼在你身边嬉戏。这片纯净的海洋里，有太多生命的活力与色彩。想体验做一条热带鱼的单纯快乐的生活吗？毋庸多说，巴布亚新几内亚的潜水经历会告诉你一切。

a knowledgeable tourist

☞ 人口：520万。

☞ 语言：英语是官方语言，而更广泛通用的语言是皮钦语（Pidgin），即一种英语与当地土话混杂的语言。当地还有近700种部落语言，只有约1%~2%的人口会使用英语。

☞ 货币：基那。

☞ 气候：湿热的热带雨林气候，年平均气温在20~30℃之间。

☞ 国家历史：据说岛上的土著居民来自亚洲，在公元前8000年之前便来岛上定居。1511年葡萄牙人发现新几内亚岛，因为岛上的土著居民长得颇像非洲西海岸居民，因此命名该岛为新几内亚。19世纪50年代以后，新几内亚成为德国，英国，荷兰，澳大利亚等国不断争夺、瓜分的领地，1972年，在澳大利亚托管下改名为巴布亚新几内亚，1975年巴布亚新几内亚获得独立，成为英联邦成员国。

☞ 经济：岛国经济以农业为主。

☞ 其他景致：除了丰富的自然景观，土著居民的独特文化也是巴布亚新几内亚吸引游客的魅力之一。其中比较著名的是当地人雕刻的神灵面具，在祭祀，舞蹈等时候用。

Papua New Guinea Coral Reefs

亚马逊丛林

☞ 地理位置：亚马逊盆地位于南美洲北部，包括巴西等6个国家的广大地区。

神秘与广袤，原始与温存。——施莱姆

旅游这个词，视目的地不同，有1000种含义，有的地方超然世外，有的地方温馨浪漫，有的历史悠久，有的摩登现代……关于亚马逊的说法，是九死一生，说的是丛林和水流间潜伏着八种危险：鳄鱼、毒蛇、毒虫、食人鱼、传染病、毒贩子、游击队和劫机犯，你永远不知道下1分钟会发生什么。其实如果你能摈去心头的恐惧，静下心来欣赏，亚马逊那一望无际的热带雨林景象着实让人心跳。

沿着望不到头的亚马逊河一路深入，二三百米宽的水面，两岸是密不透风的热带丛林。水是浑浊的，像黄河；天是湛蓝的，一阵狂风暴雨后，立刻就是阳光明媚，云彩千变万幻，河上静悄悄的，只有划水时木桨的吱吱声和水波荡漾的声音。从岸边森林不时冲来能把船撞沉的大树，让这一段水路也无法安生。

在这个植物王国里，成千上万种植物用几千种深浅不一的绿色冲击着你的视觉空间，树叶的形状千姿百态，合着复杂的纹理构造，哪怕列出“温带植物学”中所有的名词，也无法一一描述完全。地上匍匐着各种藤叶枝蔓，从树干根部的阴影里顺着巨大的树干向上攀爬，在头顶上织出密密的窗帘，把整个丛林充填得密不透风。这个茂密的大森林里很难发现花朵的踪影，仿佛所有的树木在抽枝散叶出一派繁盛的刹那被永远地定了格。正午的阳光洒下来，空气中有潮湿的腐叶味道，周围很安静，只听得见自己呼吸的声音。间或从森林深处传出一两声鸟叫，但是循着声音望去，却看不到任何鸟儿的身影。

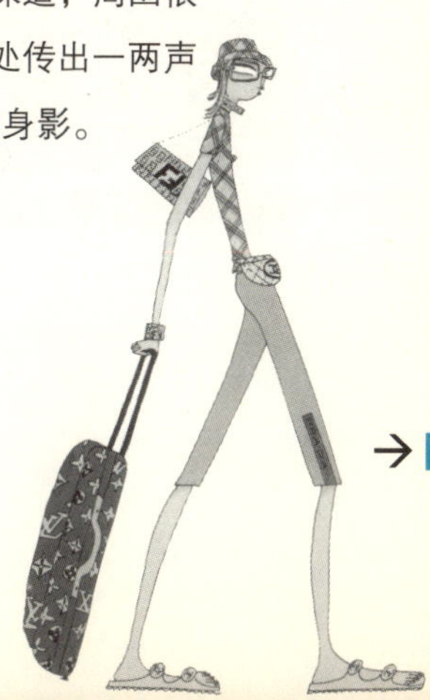

take my Tips 不可不看

INFORMATION

☞ 面积：270 万平方英里。

☞ 人口：2 千万。

☞ 语言：西班牙语、葡萄牙语、当地土著语。

☞ 气候：全年闷热潮湿，多暴雨，日间气温约 33℃，夜间气温约 23℃。

☞ 生物：亚马逊流域植物种类之多居全球之冠。许多大树高 60 多公尺，遮天蔽日，故旱地森林的地面光秃秃，只有一层腐烂的枝叶。涝地森林则情况迥异。树冠由高至低分层，各层充满生机。葛藤、兰花、凤梨科植物争相攀附高枝生长，其间栖息着猴子、树獭、蜂鸟、金刚、鹦鹉、巨型蝴蝶和无数蝙蝠。水中生活着凯门鳄、淡水龟，以及水栖哺乳类动物如海牛、淡水海豚等。陆地则生活着美洲虎、细腰猫、貘、水豚、犰狳等。还有 2500 种鱼，1600 多种鸟。

☞ 亚马逊河：横贯南美洲，发源于秘鲁安第斯山脉。长 6440 公里，在世界河流中位居第二，仅次于长 6695 公里的尼罗河。水量充沛，每秒钟把 116000 立方米的淡水注入大西洋，占全球入海河水总流量的 1/5。支流中，7 条长度超过 1600 公里，最长的是马代拉河，约 3200 公里。

☞ 亚马逊特色：

1）钓食人鱼、吃食人鱼
亚马逊河上最刺激的活动。

2）观赏黑白水交汇：
亚马逊盆地的河流主要有 3 种水的类型。白水，富含泥沙，从西部流入；黑水，由土壤的酸性物质着色，从圭亚那山脉一直流向北部；还有从南部河流流出的清水。水流交汇后并不会立刻融合，而形成了两色并行延绵数英里，故称为黑白水。

3）粉红色海豚
亚马逊河里有全世界独有的粉红色海豚，在河中航行得有运气才看得到。

时间和空间在亚马逊似乎在某个环节上错了位。人在里面走上几个小时，周围的景色仍然是让人不安的似曾相识，仿佛陷入了一个巨大的绿色轮回，走多久都是在原地踏步，而头顶迅速西移的太阳又在真真切切地提醒你时间的无情流逝。偏偏亚马逊河的日落举世无双，远近不是水就是林，满天晚霞，云彩透明，心里再惶恐也无法视而不见。

夜色中的原始森林一片漆黑，寂静的夜一点也不安宁，森林中鸟叫虫鸣，此起彼落，穿插着猴子、野猪，还有不知名动物不同调子的叫声，仿似一曲丛林交响乐。在大自然的声音里，仿佛被催眠了似的，心自然会跟着慢慢宁静下来。

Grand Canyon

科罗拉多大峡谷

在这里，

我险些从超验主义走入神学。

——爱默生

☞地理位置：科罗拉多大峡谷位于美国亚利桑那州（Arizona）西北部，科罗拉多高原西南部。

☞概况：大峡谷全长446公里，平均宽度16公里，最深处1800米，平均深度超过1500米，总面积2724平方公里。据称大峡谷于1540年被一支远征队发现。1919年，威尔逊总统将大峡谷地区辟为“大峡谷国家公园”（Grand Canyon National Park）。大峡谷山石多为红色，从谷底到顶部分布着从寒武纪到新生代各个时期的岩层，层次清晰，色调各异，并且含有各个地质年代的代表性生物化石，又被称为“活的地质史教科书”。科罗拉多河从大峡谷谷底流过。

科罗拉多大峡谷（The Grand Canyon）总面积接近3000平方公里，任何人都不可能一眼看遍大峡谷的全貌。只有从高空俯瞰，才有可能完整地欣赏这条大地的裂缝。真正身临其境的人，只能从峡谷南缘或者北缘欣赏大峡谷的一部分。这倒是应了“不识庐山真面目，只缘身在此山中”的道理。

美国作家约翰·缪尔1890年游历了大峡谷后写道：“不管你走过多少路，看过多少名山大川，你都会觉得大峡谷仿佛只能存在于另一个世界，另一个星球。”此言不虚。科罗拉多大峡谷是自然的奇迹，到了这里，你才会意识到自己的渺小，抑或是人类在大自然面前的渺小。站在峡谷边缘，你会惊异这片土地怎么就被鬼斧神工地掰开在你面前，露出里面斑斓的层层断面。峭壁下的深渊深不可测，尽管有护栏围着，但是来自那深渊的魔力仍然让人胆寒，不敢正视。你会疑心自己到了地狱门口，而冥王正笑着端详下一个猎物。或者你会觉得自己已经走到了世界的尽头，孤单单地把整个世界抛在了身后。它带给你一种难以名状的震慑，所谓人类的历史，时间的流逝，在这道鸿沟面前似乎也只能归于一粒沙尘。

很多人难以抵挡一探究竟的诱惑，选择骑骡子或骑马去谷底闯荡一遭。如果真的下到谷底，就会发现这里又是另一片天地。在“地狱”深处，也未必就要忍受无间的痛苦。你体验的不过是当年西部牛仔驰骋荒原的生活。美国西部片里常出现的牛仔骑马挎枪，骑马飞奔在寸草不生的红土地上的情景就是当年大峡谷地区的写照。很多西部片都还在这里取景，因为这里的西部风情最纯粹。

Galapagos

厄瓜多尔加拉帕哥斯群岛

——另类生态博物馆

达尔文理论的缘起，

生物学爱好者的圣地。

D.罗斯海尔

加拉帕哥斯群岛是孤零零地矗立在太平洋中间的一群火山岛，岛上除了雨水外几乎没有淡水来源，因此大多数岛上没有人烟。1535 年才有人偶然间发现了群岛，1685 年加拉帕哥斯群岛第一次出现在航海图上。而今天，加拉帕哥斯群岛已经被规划为国家公园，并且被联合国教科文组织列为人类共有的自然遗产。目前来这里的游客数量必须由官方控制，以确保岛上生态环境不被破坏。

是什么改变了加拉帕哥斯群岛的命运？是什么让世人开始关注这个孤立于太平洋中间的既不美丽也不富饶的火山群岛？

答案藏在一个故事中。1835 年，一个 26 岁的英国年轻人跟随一艘名叫“小猎犬”号的英国海军测量船第一次来到了这里。年轻人在岛上花了一个多月的时间搜集标本，岛上一些物种间的差异和类似现象让他百思不得其解。回到英国后，他又继续生态方面的研究，当初在加拉帕哥斯群岛上观察到的生态现象增强了他对自己提出的全新生物理论的信心。1859 年，他发表了《物竞天择的物种起源》（On the Origin of Species by Natural Selection）一书，阐明了进化论的思想，把生物学带入一个崭新的领域。这个年轻人便是查尔斯·达尔文。达尔文的著作让加拉帕哥斯群岛成为生物学爱好者必去的“圣地”。

加拉帕哥斯群岛确实是地球上又一片没有被污染的净土，但是如果你想当然地期盼在这个与世隔绝的热带群岛上找到梦想中的茂密丛林，丰富的动植物，那么你会彻底失望。这里土壤贫瘠，生物物种贫乏，甚至这里的动物也不像一般太平洋岛

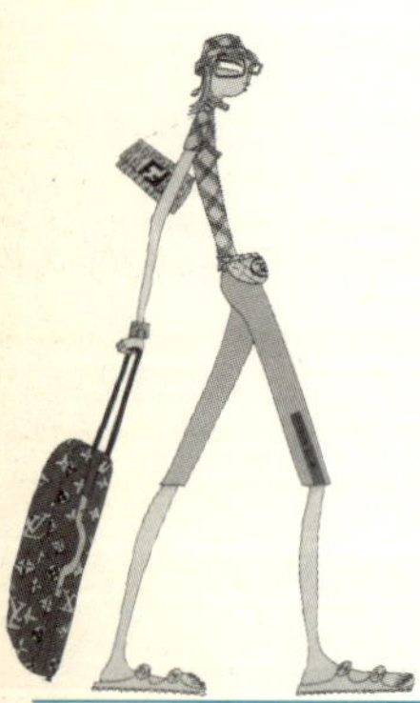

a knowledgeable tourist

☞ 地理概况：位于厄瓜多尔本土以西 1000 公里的东太平洋赤道上，是一群与世隔绝的孤立岛屿。200 万年前，海底火山爆发，喷出的岩浆冷却后形成了这些大小不同的岛屿。群岛由 13 个较大的岛屿和十几个小岛组成，总面积 8000 平方公里，大约相当于夏威夷群岛的一半。最大的岛屿是伊莎贝拉岛（Isabela）。

☞ 历史：1535 年，一艘巴拿马商船遭遇强劲的洋流偏离了航线，偶然发现了加拉帕哥斯群岛。1685 年，英国人绘出了第一张有关加拉帕哥斯群岛的航海图。1835 年，跟随英国海军的测量船周游世界的达尔文首次踏上加拉帕哥斯群岛。

屿上的热带动物那样多彩，它们大都是黯淡的土灰色。生物学爱好者到这里来不是为了观赏这里的动植物本身，而完全是因为加拉帕哥斯在人类思想史上的重要地位。

“加拉帕哥斯”在西班牙语里的意思是“乌龟”。当年初来岛上的西班牙人被岛上体重超过100公斤的象龟吓坏了，于是给岛屿定名为“加拉帕哥斯”。岛上从来没有过凶猛的食肉动物，所以任何动物都不怕人。你可以享受从未体验过的和动物“面面相觑”的快乐（抑或是恐惧）。蓝脚鸟会在你肩头跳跃，而身躯庞大的象龟小山一样在你面前挡住去路。

如果你是个好学的好孩子，想必会开动脑筋拼命回忆当初生物课上学过的达尔文的进化论，试着拿眼前的动物来验证那个理论，给自己再上一节生动的生物课。如果不想失望，你还是趁早放弃吧——达尔文本人也没有真正用加拉帕哥斯群岛上的生态现象证明过自己的进化论。加拉帕哥斯群岛上的一切不过是给了达尔文阐述理论的信心而已。

加拉帕哥斯群岛并不是什么保存完好的实验室，让你看到进化论如何正确。深究起来它只是一个纪念地，参观者来到这里，不过是体验一下这个改变世界观点的神圣的发祥地，好像是参观进化论思想的故居。

也不知道有多少人是了解其中的真相，有多少人是带着对热带丛林和斑斓动物的幻想来到这里，总之，加拉帕哥斯的游人依旧络绎不绝。这才是真正有趣的“生态”现象。

☞语言：西班牙语。

☞气候：虽地处赤道，但是由于受到寒冷的秘鲁寒流影响，加拉帕哥斯群岛的海水和陆地气温都不高。岛上年平均气温为25℃。降水量也不大。

☞人口：20世纪60年代时岛上只有数百人，现已激增至17000多人。

☞主要野生动物种类：象龟，达尔文雀，加拉帕哥斯企鹅，海狮，海鬣蜥，陆鬣蜥。

委内瑞拉的平顶山区

a knowledgeable tourist

- 地理位置：委内瑞拉东南部。
- 面积：包括100座左右的平顶山，其中最大的一座占地250平方英里。
- 语言：西班牙语、当地的帕蒙语。
- 气候：草原地带白天酷热，日夜温差很大；山顶区域潮湿冰冷。
- 生物：平顶山上的动植物，至少有半数是别处没有的。这里由于亿万年来与四周平地隔绝，而且没有受到人类的打扰，这里的许多动植物都是外界没有的。比如，当地有一种原始蟾蜍，长不到25厘米，遍体疙瘩，皮色黝黑，既不会跳跃，又不会游泳，只能缓缓爬行。

Venezuela's Tepuis

这里就是侏罗纪的入口吗？

——斯皮尔伯格

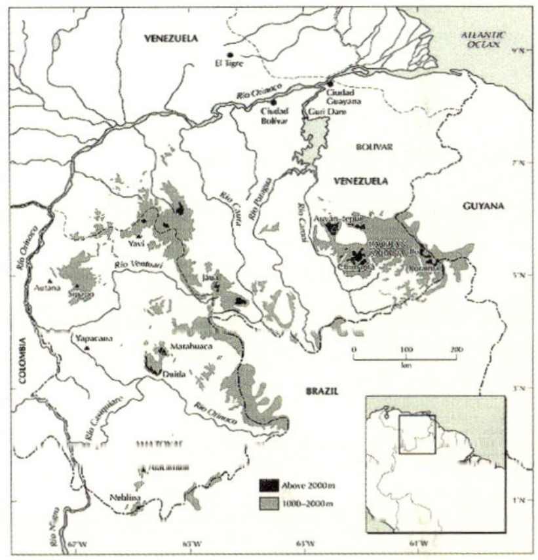

阿瑟·柯南道尔有本小说叫做《失落的世界》，描述了一位脾气火爆的教授，率领探险队深入一个平顶山区，意外发现了一个进化程度停留在亿万年前的世界。在那里，他们遇到了史前恐龙、凶狠的人猿，最后还带了一只翼手龙回伦敦。

这个神秘的世界并非出自小说家的凭空想像，柯南道尔的创作灵感来自于委内瑞拉东南部的高原。在那里，人迹罕至的热带雨林中，耸立着一些被当地帕蒙人称为“特普伊”的平顶山，山下生气盎然，猴子的吱吱叫声和金刚鹦鹉的鸣声此起彼落，山顶上则是一片热带稀树草原的景象，四周覆盖着棉花糖般的云，边缘攀爬着前所未见的热带植物，上百个瀑布把山体切割成一个个小块，远看恍如浩瀚碧海上散布着一个个小岛。在这云蒸雾罩的深处，藏着世界上落差最大的瀑布——天使瀑布（安琪儿瀑布）。

天使瀑布的名字来自詹姆斯·安琪儿（James Angel），电影《美梦成真》（What dreams may come）里罗宾·威廉姆斯（Robin Williams）从这里纵身跳下的情景给人一种错觉，似乎跳下去就可以变成天使。安琪儿是个美国飞行员，技术高超到据说可以在“一枚硬币上着陆”。70多年前的一天，一个探险家绘声绘色地向安琪儿描述了一条“金河”，说是在一片无人知晓的茂密茫茫的丛林中，有这么一条溪流，潺潺的流水冲积着耀眼的金子。探险家要求安琪儿用飞机带他去那条溪流，他付给安琪儿

5000 美元作为酬金，两个人一拍即合，那一趟探险他们带回了 75 磅重的金块。很难说飞来的财富到底意味着好运的开始还是结束，回来以后探险家很快就病死了，而安琪儿的余生就在寻找金河中度过，他至死都没能回到那里，却在 1937 年发现了比黄金宝贵千百倍的东西。

一道高近千米的洪流，在高山峭壁之间凌空直泻，通体仿佛笼着一层轻纱，在阳光的照射下，可以看到一道美丽的彩虹悬挂在柔美的水雾上。飞流落下，激得满山谷一片珠飞玉溅，隆隆的水声，仿佛一千口大钟互相撞击。瀑布周围高山环绕，嶙峋的山崖藤缠葛绕，古木参天，壮丽之外又添几分肃穆之美。

大自然的奇观震撼了淘金客，安琪儿费尽千辛万苦，终于穿过层层茂密的原始森林来到了瀑布脚下，并且骄傲地给它安上了自己的名字。这样的故事如果写成小说或者电影，后面的发展多半是利欲熏心的人受了大自然的洗礼，翻然悔悟，重新理解了人生的真谛。不知道站在瀑布脚下时，安琪儿的心情是否真的如此，但他从此立下遗愿，死后要把自己的全部骨灰撒在安琪儿瀑布之上。

take my Tips 不可不看

INFORMATION

☞ 卡奈玛国家公园（Canaima National Park）

委内瑞拉最大的自然保护区，面积300万公顷，位于圭亚那高原卡劳河与卡罗尼河会合处的上游。那里河流交错，飞瀑争喧，高山壁立，并有一望无际的热带雨林和开阔的草地，除有世界上著名的安琪儿瀑布外，还有众多的瀑布群，被誉为“瀑布之乡”。卡奈玛有两组最大最壮观的瀑布群，一组在阿恰，一组在龙里，阿恰大瀑布群，水量大而急，水流跌落后汇成一个宽阔的湖泊——卡奈玛湖。公园里有美洲虎、虎猫、树獭、刺豚、负鼠、鳄鱼、大鹰、鹦鹉等各种各样的珍禽异兽。在卡奈玛小镇上建有旅游营地，几十间椭圆形的、用棕榈叶盖顶的白墙小屋和凉亭错落有致地坐落在卡奈玛湖畔，掩映在湖边的绿树丛中。

☞ 天使瀑布（Angel Falls）

天使瀑布又叫安琪儿瀑布或者丘伦梅鲁瀑布，是世界上最高的瀑布，位于委内瑞拉东南部、卡罗尼河支流卡劳河（Carrao）源流丘伦河（Churun）上，当地的印第安人取名为“出龙”。河水从圭亚那高原奥扬特普伊山（Auyan Tepui）的陡壁直泻下来，落差达979米，大约是尼亚加拉瀑布高度的18倍。瀑布分为两级，先泻下807米，落在一个岩架上，然后再跌落172米，落在山脚下一个宽152米的大水池内。这个地区的热带雨林非常茂密，不可能步行抵达瀑布的底部。雨季时，河流因多雨而变深，人们可以乘船进入。在一年的其他时间里，只能从空中观赏瀑布。1937年首次为美国飞行员詹姆斯·安琪儿（James Angel）发现，故以其名命之。

☞ 罗赖马山（Mount Roraima）

在委内瑞拉、巴西和圭亚那三国交界处有一个最大的平顶山群，称为罗赖马山，高2810米，罗赖马山的西南岩壁约长6.2千米，止于托瓦兴尖峰。它从平原上隆起，像一艘大船的船首。“罗赖马”是当地人称呼它的名字，意为“河流的母亲”。

Sahara

撒哈拉大沙漠

我举目望去，

无际的黄沙上有寂寞的大风呜咽地吹过，天，是高的，地是沉厚雄壮而安静的。

正是黄昏，落日将沙漠染成鲜血的红色，凄艳恐怖。

近乎初冬的气候，在原本期待着炎热烈日的心情下，大地化转为一片诗意的苍凉。

——三毛《白手起家》

三毛，一个长发中分、身材高挑的小女子，带着她小小的行囊，一个人径直奔着黄沙满天的撒哈拉而去。从此，那一片茫茫的沙漠海，在她笔下如一幅轻巧的画卷，有声有色地展开。把粉丝叫做“雨”的中国饭店，用指甲油补牙齿的江湖郎中，棺材板做成的长沙发居然明朗美丽，旧轮胎洗干净就成了温馨的小座位……坟场区可以造出罗马，没有花朵的荒原开出了春天，千千万万个女人骨子里可望不可及的浪漫，被发挥到了极致。

撒哈拉成全了三毛半生的乡愁，三毛成全了万千大众年轻的梦。每个人都有过这样的年纪，茫茫世界处处是未知的旅程，怎么甘心做井底之蛙，只在自己固定的小圈子中仰头观看那一片小小的天空？隐藏在平静生活中的心，渴望的是另一种东西，一种更自由、更洒脱甚至更疯狂的生活。

但是，怀着浪漫梦想的人们从踏入撒哈拉的第一天起就会发现，沙漠是个真正无关风月的地方，一切都市中的浮躁骚动在它狂野的风沙面前都无奈地净化成一个最纯粹的信念：活下去。当你的眼睛在和太阳的无限亲密接触中逐渐失去神采，当你品尝着流出苍白肌肤下久违的汗水，你也许会忽然明白，这就是撒哈拉的游戏规则，先掠走你的一切，然后不动声色地教你学会人生：你可以满怀激情地想像，但是必须脚踏实地地生活。

a knowledgeable tourist

☞ 地理位置：撒哈拉大沙漠，位于非洲北部，西自大西洋，东进尼罗河，北起阿特拉斯山脉，南至苏丹，南北纵贯1061公里、东西5150公里，面积超过900万平方公里，是世界上最大的沙漠，几乎占整个非洲大陆的1/3。包含的国家有摩洛哥、阿尔及利亚、突尼斯、利比亚、埃及、毛里塔尼亚、马里、尼日利亚、乍得和苏丹。大多数人以为撒哈拉是一片沙丘起伏的区域，但实际上它大约只有1/5的地方是由沙构成的。其余的地方则是裸露的砾石平原、岩石高原、山地和盐滩。

☞ 人口：尼罗河流域以外约为200万，主要是阿拉伯血统的柏柏尔族、图布族和图阿雷格族。

☞ 气候：撒哈拉是典型的热带沙漠气候，炎热干燥，全年平均气温超过30℃，最干燥的地区年降雨量少于25毫米，有些年份全年无雨。有雨的地方，雨水也在落地之前就蒸发到了大气中。温差大是撒哈拉气候的另一大特征，最热的几个月中，温度超过50℃，冬天

气温却会下降到0℃以下，日常的气温变化也在−0.5℃~37.5℃之间。撒哈拉多风，炎热的、满载灰尘的大风是沙尘暴的始作俑者。

☞ 历史：古代的撒哈拉并非黄沙一片，而是一片富庶的土地，河流纵横，大小湖泊星罗棋布，植物茂盛，百花争艳，飞禽走兽出没其间，俨然不同于今天的风沙遍地。当地居民从事放牧业。他们的绘画和雕刻至今仍能在洞穴中看到。后来气候变化，河流干涸，土壤因无水而龟裂，地上几乎长不出任何东西。这个地区也就变成了沙漠。

☞ 撒哈拉壁画群：1850年，德国探险家海因里希·巴思在撒哈拉的塔西亚高原惊奇地发现，当地沙岩的表面满是野牛、驼鸟和人的画像。画面色彩雅致和谐、栩栩如生，但是画中并没有骆驼。后来人们又陆续发现了更多的岩画，成画时间约在公元前6000~公元前1000年。这些画面表现了人们当时的生活情景，还有大象、犀牛、长颈鹿、驼鸟等现在只能在撒哈拉以南1500多公里的草原上才能找到的动物，另外还有一些显然已经绝迹的飞禽走兽。

Antarctica

南极——纯净的世界

从冰雪开始，从冰雪结束。——S.潘恩

a knowledgeable tourist

☞ 地理概况：面积1400万平方公里，是仅次于澳洲的最小的洲，98%的陆地常年被冰雪覆盖，冰层的平均厚度为2450米。南极的淡水总储量是地球的72%，如果南极的冰盖全部融化，地球海平面将会平均升高60米。

☞ 气候：南极洲是地球上最冷的洲，平均温度为-35℃，最低气温出现在7月。全年有1/3的时间是暴风雪天气，这是人类不能在此生存的极大原因。

☞ 人口：没有土著人口。夏季各研究站人员总共约有10000人，冬季研究站人员共100人。

☞ 历史概况：挪威人Roald Amundsen是第一个到达南极点的人。

☞ 南极主要生物：企鹅，海豹，海狗，磷虾，海星，海参，章鱼，贼鸥，巨海燕，雪燕。

☞ 南极的科学考察站：目前，世界上共有27个国家在南极建立了150多个科学考察站。中国在南极有两个科学考察站，分别是：长城站和中山站。

南极是一个没有人类文明历史，没有土著人居住的地方。到南极无需护照签证的麻烦，但南极严寒的自然环境，要求你以自己的身体做健康护照。这是一片尚未被人类占领的净土，纯净的空气，洁白的冰雪，可爱的生物，都还是人类到来之前的模样。

南极并非一片不毛之地，尽管严寒让人类无法生存，但这里其实也是一片野生动物的天堂，只不过这里的动物很多都是我们不熟悉的罢了。这里是企鹅、海豹、南极磷虾、南极海鸟和众多珍稀无脊椎冷血动

物的家园。因为少有人类打扰，它们也许是地球上生活得最快乐的动物。

企鹅是我们在电视、杂志或者宣传画上见得最多的动物，对一般人而言，企鹅就是南极的代名词。大概因为胖胖的企鹅憨态可掬，惹人喜爱，连网络聊天工具OICQ都让它们做“形象代言人”。它们是惟一不会飞的鸟，可它们都是游泳健将。企鹅家族有一种伟大的“父爱”。雌企鹅产蛋完毕之后便自去觅食逍遥，而企鹅爸爸便担负起孵蛋的重任。它们把卵放在两脚之间没有羽毛而且血管丰富的地方，然后一声不响地专心孵蛋，不吃不喝，什么都不做，直到小企鹅出世，这时企鹅爸爸也会“消瘦”许多。这在动物界也是个有趣的现象。每当天气晴朗的日子，一座座冰盖漂浮在碧蓝的海面上，一群群企鹅可爱的身影就出现在冰块上和浮冰之间。它们的存在为冰天雪地增加了几许生气。

这片土地也许是太原始，太纯净了，对外界侵犯根本没有抵抗能力。南极的很多珍稀海洋物种生长速度非常缓慢，有的100年才能繁衍几代，它们是世界上对气温变化适应能力最差的动物，一旦水温升高哪怕一点点，它们就会窒息而亡。可是南极目前确实开始出现温度升高的趋势，这里的水温15年来已经上升了一度。如果南极的环境遭到破坏，那么全球的气候都会受到不同程度的影响，现在出现在南极上空的臭氧层空洞已经让全世界人惴惴不安了。这是南极用它自己的方式拒绝人类的打扰，必然也会用自己的方式惩罚人类的破坏。

很多人到南极总是出于某种极限探险、冒险征服的目的。所到之处都要插上旗帜或搭建标志物，作为自己征服的印记。为什么人类永远要获取和占领一些本来就不属于他们的东西呢？如果真的有幸到南极，何不就轻轻松松地看一眼这个冰清玉洁的世界，然后不带一片云彩地离去？

人间天堂——伊甸园并未失落

帕劳——太平洋岛屿

The Pacific Islands

造物主是想在这里展示他的伟大吧?

——R.布鲁克

☞ 自然风貌：帕劳属于热带海洋性气候，四季都是夏天，天天都有艳阳高照的好天气，即使是在7~10月的雨季，也顶多只有午后的雷阵雨。

☞ 通用语言是英语，通用货币是美元。

帕劳（Palau）是位于西太平洋关岛以南700英里处的群岛国家，是太平洋进入东南亚的门户之一。

帕劳由大岛（Babeldaob）、科罗岛（Koror）、贝里琉岛（Peleliu）、安佳岛（Angaur）等主要岛屿，以及北边的一些环状珊瑚岛和西边的洛克群岛（Rock Islands）组成。当地传说，帕劳是由一个很贪吃的男孩尤伯（Uab）的身体变来的。他吃光了所有能吃的东西，弄得镇上闹起了饥荒，因此大家决定除掉尤伯。大家在尤伯四周点上火，火势蔓延到尤伯身上时，他躺倒在地上，拼命挣扎起来。于是，他的脚变成了贝里琉岛和安佳岛，他的双腿变成了科罗岛，而他硕大的身躯就成了大岛。这个怪异的传说，不知最初是不是当地人用来吓唬小孩子、告诫他们不要太贪吃时想出来的。岛上的物产只有椰子、甘蔗、菠萝、番薯之类，粮食和生活用品都靠进口。如此看来，岛民对饥饿的恐惧倒也不无道理。

帕劳大大小小340个火山岛和珊瑚岛中只有8个岛有常住居民。群岛分布在南北长640公里的海面上，全国海岸线长达1519公里。到这里来的外国人多半都是为了领略热带海洋风光，摇曳的棕榈树，温和的海风，银白的沙滩，还有水下奇观。这里是著名的潜水圣地。

如果你向往真正纯净的海水，那么帕劳便是你寻找的世外桃源。帕劳的洛克群岛是太平洋最纯净的海洋生态系统之一，也是免遭工业污染的最后净土。不论是艳阳高照的白天，还是温润可人的夜晚，你都可以走在雪白细腻的沙滩上，感受世上最最清澈透明的海水。这里的海水有一种奇异的蓝绿色，那样纯净而又诡异，让人不敢相信，不敢触碰，只怕一伸手便打破了眼前的美梦。在帕劳，你会重新学到什么是海，什么是地，什么是光，什么是热。炽热的空气，清凉的海水，在这里，忘记自己，忘记外面的世界实在不是件困难的事。上帝创造帕劳似乎就是为了显示自己能够创造出一个多么美妙的世界。

这里的风景，足以让所有的诗人封笔。　　——E.庞德

明尼苏达州的边界水域

a knowledgeable tourist

☞ 地理位置：位于美国明尼苏达州北部，与加拿大交界处。

☞ 面积：110 万英亩。

☞ 湖泊数量：超过 1000 个。大多数湖泊之间有水路相连，其中只有 22 个允许摩托艇在其中航行。1978 年，美国国会在此设立全美惟一的原始泛舟野营区。

☞ 指定野营点：2200 个。

☞ 每年到访游客：20 万。

☞ 鱼类：大眼狮鲶、鲈鱼、白斑狗鱼、鲑鱼。

☞ 野生动物：海狸、驼鹿、豪猪、鹿、黑熊、潜鸟。

☞ 居民：无人居住，狼的数量在 115 匹左右。

Boundary Waters

全美国除了阿拉斯加，就数北边的明尼苏达州最冷。当地有笑话说，冬天消防车对着失火的房子喷水，结果火倒是灭了，房子也成了童话里的糖果屋，被冰封得晶莹剔透。

这样的地方到了夏天就成了天堂，天空总是蓝得发亮，虽然也热，却热得干燥干净。明尼苏达整个州都没有山，却号称有上万个湖，其中一大部分集中在靠近加拿大的边界水域，这里就名正言顺地成了整个北美数一数二的避暑胜地。

在边界水域最经典的玩法就是划船，真正的玩家会带着自己的独木舟和帐篷炊具，开车到某个湖边，然后就开始划。划到对岸以后，上岸，背上船和所有的装备，走到下一个湖，再接着划。再上岸，背上船和所有装备，走到下一个湖，再划，直到划不动为止。

从这里就可以看出边界水域的好处了，1000 多个湖，湖湖相连一直到天边。累了，可以在岸上随时扎营；困了，伴着风声水声树声鸟声在湖中小睡一觉也很不错。只要你高兴，可以一直划下去，只是千万要记得划回来。

Japanese Ryokan

传统日式旅馆

——简约即美

世界的极简主义，在这里到达了极致。——F.怀特

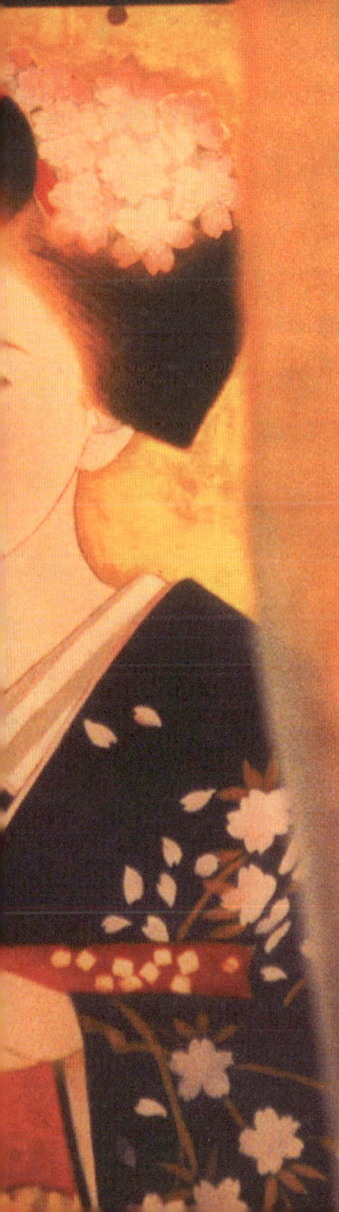

a knowledgeable tourist

☞ 概况：传统的日式旅店遍布日本，全国共有约73000所。经常开设在温泉附近的旅游区，有相当一部分是家庭经营的小旅店。

☞ 服务范围：提供简单的传统日式房间和一天两餐。一般设有一两个较大的公共浴池，有时还有露天浴池，有的旅馆会在客房里提供沐浴设备。温泉的水温通常可以达到40℃以上。

☞ 历史简介：传统日式旅馆的兴起源于江户时代（1603~1867），在从京都到江户（也就是今天的东京）的官方驿道边，首先开始出现这些简单的小旅店。

Japanese Ryokan

要了解一种文化，最好的莫过于身临其境去体验。要了解日本文化的真正精髓，你一定要去传统日式旅馆（也叫和式旅馆）住一宿。

从外观到内部装修，日式旅馆给人的印象就是简单二字。日式旅馆很多都是家庭经营的，规模并不大，即便是最高级的日式旅馆，旅馆大门也不过就是走廊尽头一道典型的日式推拉门。住惯了星级酒店，习惯了豪华大堂的人恐怕一时很难适应这种“简朴”，更何况如果你花了大价钱，慕名下榻某个一流的日式旅馆，乍一看到这种简单的房屋设计与装修，恐怕心中难免会有种上当的感觉。

旅馆房间布置也极其简单。传统的塌塌米，加上被软垫围绕着的矮桌，最多还有一个摆放插花或悬挂画卷的博古架。这与那些豪华西式宾馆里越来越多的所谓人性化的房间设计与各种饮料、小食品，各种付费物品形成鲜明的对比。白天，房间里看不到被褥枕头之类的东西，到了晚上就寝时间，自然有女服务员来为顾客在塌塌米上铺好床铺。在硬地板上入睡的感觉，又是和睡在高级席梦思上完全不同的一种体验。

而入住日式旅馆的客人从不会抱怨这种简单，因为日式旅馆处处带给人家的温馨。进入旅馆就像进了家门一样要脱鞋，换上居家的木屐，旅馆还会发给专门穿木屐用的两趾布袜。这木屐也只是在过道里才穿，在房间里的塌塌米上只能赤脚，天气冷的时候，饭店会体贴地送上加厚的袜子。穿上木屐，脚趾放松，这便是身心放松的开始了。

日式旅馆一向以热情细致的服务著称，所有的女服务员都是亲切如家人，她们会为你端上精致的饭菜，为你细心准备好床铺。旅店老板——往往是被叫做“女将”的女老板——也热情待客，她们会和你聊天，娓娓说起旅馆周边的历史和人文景观，或者谈谈家常。

Japanese Ryokan

住日式旅馆的顶级享受是泡温泉浴（日式旅馆常常依傍温泉而建）。在日本，洗澡不仅仅是个人卫生的事情，而是日本传统文化的一个重要构成元素。日本人喜欢泡在浴池里放松自己。公共浴池已经成了跟家人、好友聊天交流的地方。泡温泉澡感觉就更好了，不仅放松解乏，而且还有益健康。在进入公共浴池之前，必须清洁全身，浴池不是用来洗澡的地方，而是浸泡放松的地方。很多旅馆都有室外浴池，假设在冰天雪地的户外，浸泡在热气腾腾的温泉浴池里，那种冷热交会，舒心松快

的感觉是国王来了都不换的。

很多生活在大城市的人愿意住在日本温泉地区的日式旅馆里度假。这里远离大城市的喧嚣，没有过多的物质诱惑，在这里可以享受温泉，穿木屐，穿纯棉的浴衣，感受那种肌肤与自然的温泉水、棉布、木头接触的舒适，体验亲近自然的快乐。原来，舒适是这么容易就可以获得的感觉，原来，简单本身其实就是一种快乐。

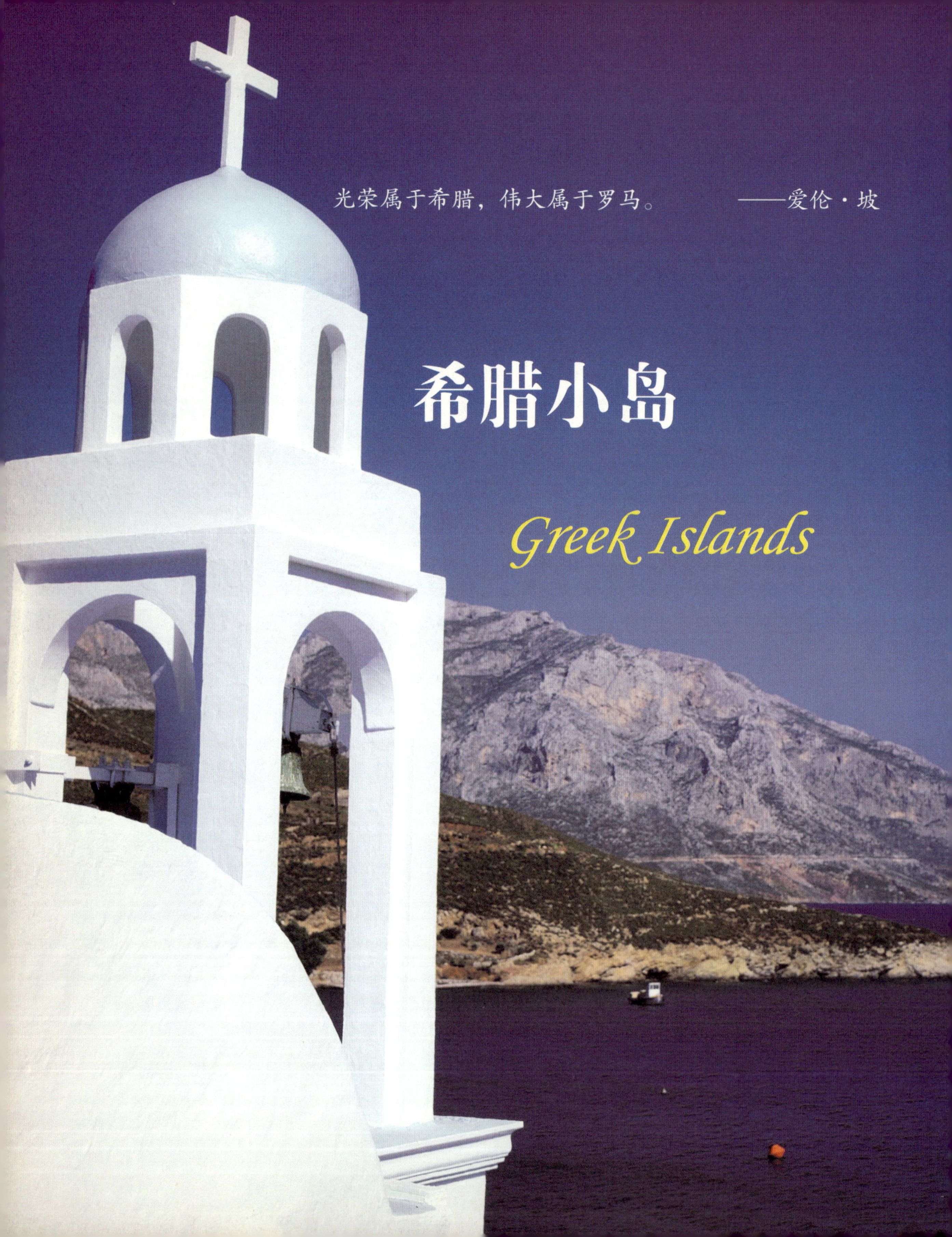

光荣属于希腊，伟大属于罗马。——爱伦·坡

希腊小岛

Greek Islands

a knowledgeable tourist

☞ 地理位置：欧洲南部，位于爱奥尼亚海、爱琴海和地中海区域。

☞ 岛屿数量：超过2000个，其中170个无人居住。

☞ 岛屿组成：爱奥尼亚诸岛、安哥－萨洛尼克诸岛、基克拉迪群岛、斯波拉第群岛、爱琴海东北诸岛、多德卡尼斯群岛以及克里特岛。

☞ 语言：希腊语。

☞ 人口：150万。

☞ 气候：典型地中海气候，夏季干热，冬季湿冷。1月最冷，最高温度16℃，最低温度11℃；7、8月最热，最高温度29℃，最低温度22℃。从4月到10月都是旅游的好时节，7月和8月是旺季。

☞ 货币：欧元。

☞ 经济：旅游业、渔业、果业、橄榄油。

Greek Islands

希腊的天空，是一派万里无云的蓝，明媚一如 16 岁的少女，健康、快乐，没有一丝心事。希腊的海水，是一片无边无际的蓝。近海处是一片澄碧，像一块起伏波动着的翡翠，重重叠叠的海浪尽情地把天光吸纳、摇匀，在深海处酿成整幅整幅粘稠似酒的蔚蓝，浓烈似情人的眼波，让人望着望着便痴了过去。海天一色间，白色的海鸥起起落落盘旋自在，点点白帆在粼粼波光中缓缓划出一道道白色的蕾丝，星罗棋布的小岛上点缀着一栋栋洁白的小小房舍，全都小巧玲珑，倚着山崖一层叠一层地互相依傍。面对这般景致，难怪余光中要感叹一句，“今天的天空很希腊。”面对这般景致，又有谁能无动于衷。快手快脚地整理好行囊，扔开一切俗事，一头扑进希腊小岛温柔的怀抱中。

清晨醒来，透过窗子看着猎户座和月亮一起在曙光中隐去，空气中有清新的味道。小岛静静地泊在海面上，港口一艘三桅帆船正慢慢离去。早起的鸟儿吵醒了广场的钟楼，暖红的太阳在钟声里升起，照亮了伫立在山顶上千年如一日的蓝顶教堂。穿过白色的小街，骡子悠闲地担着蔬菜和鲜花擦肩而过，拐角走过一位老人微笑着说“早上好”，一切都是这么淡淡的，静静的。

岛上的蓝白小房子衬着蓝天碧海，令人一见倾心。岛上没有高过两层楼的人家，每一扇窗户都可以看到海。希腊人不愧是充满创造力的民族，种种奇思妙想在曲折的小巷中也可以不受限制地展开。在这里，没有两栋房子是完全一样的，多余的小转角可以变成雅致的阳台，一截平凡的台阶可以巧妙地弯上三折，阳台上一路垂下长长的藤蔓，像少女的秀发，让人忍不住想伸手去摸一

摸。不少人家依山而居，房屋高低错落，邻居的阳台就成了自家的屋顶；自家的石梯又成了另一位街坊的荫凉。窄巷中有或浓或淡的灰色的影子，是两边住户半开半阖的门窗投下的。偶尔遇见一只懒狗晒太阳，或两只闲坐的猫，也都成了景，入了画。

岛上虽然游人如织，却出人意料地安静。游人一旦被撒进迷宫般一曲九折的小街和窄巷中，就像被蒸发了似的，声息全无。走在无人的空巷中，一面是雪白的墙壁，在正午的阳光下直晃人眼；另一面是矮矮的围墙，看得到辽阔的海面；鼻间呼吸的是海的气息，耳畔是海风的低语；空气中偶尔自远处传来几缕希腊音乐，若有若无，你会突然觉得离人世很远很远，离天堂很近很近。

在这里，时间以另一种方式流淌，处处洋溢着愉快轻松到几乎懒散的气氛，什么都不用想，只要四仰八叉，安安心心地躺在椅子里，看着碧蓝的海水微波荡漾，时而啜一口手边的加冰鲜榨果汁，间或和心爱的人说一两句话。看看角落里的狗，聪明地拣了凉爽的阴影里沉沉睡去，连睡姿都不同寻常，不像别处的狗那样蜷曲着

身了，而是直挺挺地仰天大睡，袒露着浅色的肚皮，一派不设防的天真可人。

岛上有堪称全世界最美的日落。蓝色的天空逐渐变得色彩斑斓，浓紫色的夕阳给白色房屋蒙上一层面纱，彩霞渐渐抹红了天际，越来越浓，泛滥成橘黄色的海际早已和天交融在一起，火红色的海洋让海面层层叠出由深至浅的色彩。船只缓缓划开金黄色的海面，向着海天交接处渐行渐远。夕阳恋恋不舍地散发出最后的灿烂，让渐渐灰暗的天色始终有着亮光，在用尽最后一丝能量后，从远处沉入爱琴海的怀抱。回头再看一一亮起的万家灯火，让心情跟着夕阳的步调慢慢沉淀，那种感觉平静而愉悦，有句诗说："美开了一家当铺，专收人的心"。不得不承认，不知何时，你的心早已悄悄沦陷。

晚风阵阵吹来，波浪温柔地拍着岸边，船上的灯火映着海水轻轻晃动，嘴里大口大口地咬着新鲜的油炸墨鱼，再来一大口啤酒，醉人的夜空下，一种很宁静的幸福感悄悄爬上心头，生活原来可以如此悠闲快乐。

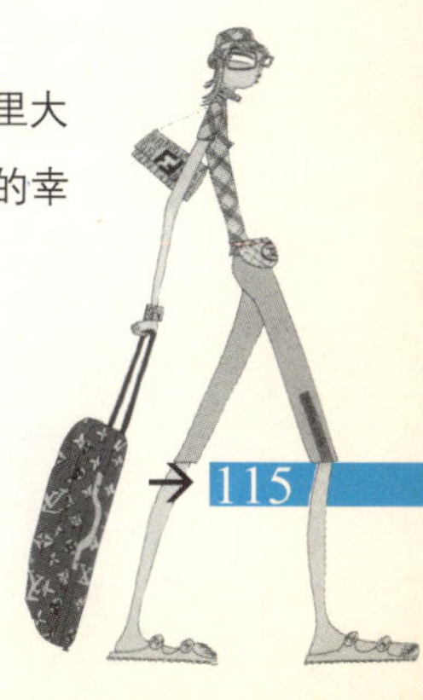

塞舌尔
Seychelles

一个热爱风景的人，

应该在这里老去。

——R.梅吉尔

蓝天、碧水、阳光、沙滩、海风……塞舌尔拥有了一个美丽的海岛国家应该具有的一切，以及更多。

一踏上塞舌尔的土地，迎客的不是手捧花环的美女，而是栀子花的香味，犹如清晨的波涛，好似日出前的凉风，从四面八方向你袭来。在岛上待得久了，你就会发现，这种天然的植物香味无处不在，使得呼吸这件最简单的事情在岛上变得无比愉悦。

也许是因为远离大陆，岛上的植物都是超大型的，茂盛中还带着几分放肆，色彩更是浓郁如同高更的画。松塔有哈密瓜那么大，无忧草的叶子居然长了一尺多宽，巨大的椰子树横斜在窗前，挺拔的扶桑后面高大的凤凰树红到荼蘼，几乎遮住了半边天。身处其间，你会觉得这些生机勃勃的花花草草才是这岛上真正的主人，人不过是其中的点缀。而最让人啧啧称奇的，当数塞舌尔的国宝海椰子。

关于海椰子的名字由来，有这样一个传说。很久以前，一位马尔代大渔民在印度洋上捕鱼时，从渔网里发现了一颗形状酷似女人骨盆的椰子。当时塞舌尔群岛还不为人知，人们以为这种奇形怪状的椰子是生长在海底的一种巨树的果实，就给它取名“海椰子”，后来在普拉兰岛的“五月山谷”里发现了一片生长着这种椰子的原始树林，才恍然大悟。18 世纪时，岛上曾经有一个英国执政者对海椰子非常着迷，甚至相信“五月山谷”就是圣经里的伊甸园，而海椰子就是使得亚当夏娃失去乐园的“智慧果”。如此种种给海椰子蒙上了一层神秘的面纱，以前在马尔代夫岛上，只有王公才可以收藏海椰子，平民如果私藏就会遭到断臂的处罚甚至死刑。据

☞ 地理位置：马达加斯加岛东北的印度洋上。

☞ 历史概况：公元7世纪，阿拉伯人首先发现了这里，1756年被法国占领，1814年英国和法国签订巴黎和约，塞舌尔沦为英国殖民地，1976年宣布独立。

Seychelles

说当年哈布斯堡王朝名声显赫的鲁道夫二世，曾出价４０００金币，都未能买进一颗海椰子果。现在海椰子仍是塞舌尔政府严加控制的商品，价格昂贵不说，外国游客若想带出境，还必须持有当地政府发的许可证。

在维多利亚的植物园里就可以看到海椰子树，公树和母树总是并排生长，但是树根却纠缠在一起。公树挺拔，最高可长到30多米，一般比母树高出五六米左右。据说如果其中一株被砍，另一株就会“殉情而死”。这般有情有义的植物，又怎能不让人唏嘘感叹，顿生怜爱之情？岛上还有许多关于海椰子的浪漫传说，据说在满月的夜晚，雄性海椰子树会自行移动去和雌性海椰子树共度良宵，因此，人在深夜是不能进入椰树林的，以免煞了风景。

海椰树的生命力很强，能活1000多年，连续结果850年以上。海椰子比普通的椰子大得多，每个都有十几公斤，也分雌雄两种。墨绿色的果实挂在树上，无论是形状还是大小都容易使人联想到人的身体，雄椰子树的果实呈长棒形，而雌椰子树的果实呈骨盆形。塞舌尔当地厕所门口常常画着雄、雌海椰子，表示男女有别，倒也简单明白，一目了然。说到海椰子的神奇，倒也并非浪得虚名，称得上全身是宝。果子长到9个月左右，果汁香甜，可作甜食；完全成熟以后，坚硬的白色椰肉是上等的补药，有补肾壮阳之奇效，果核是贵重的工艺品原料，椰子汁味道醇美，是酿酒的好原料，据说还能治疗中风。

a knowledgeable tourist

☞首都：维多利亚，塞舌尔惟一的城市，世界最小的城市之一，只有1个交通红绿灯。

☞面积：175平方英里，包括115个小岛。

☞主要岛屿：马埃岛、普拉斯兰岛、拉迪格岛。

☞气候：属热带雨林气候，高温多雨。年均气温在摄氏28°C~29.9°C之间，最高气温33°C，最低气温24.5°C。5~10月为旱季，凉爽少雨；11~4月为雨季，高温多雨。

☞人口：81000。

☞语言与宗教：克里奥尔语为国语，英、法语也通用。90%居民信奉罗马天主教。

☞货币：塞舌尔卢比。

☞经济：塞舌尔以旅游和渔业立国，粮食和日用品主要依赖进口，经济基础比较脆弱。

属于风雨，属于奇幻的地貌，属于奇妙的自然。　　——E.斯蒂芬

智利托雷德裴恩国家公园

Torres del Paine

在距离智利首都圣地亚哥大约2500公里的巴塔哥尼亚高原（Patagonia Plateau）上，曾经居住着印第安人的一个部落——德卫尔彻人（Tehuelche）。西班牙人入侵后，德卫尔彻整个部落都灭绝了。一个部落可以被灭绝，但是他们留下的文化却会长久地存在。今天巴塔哥尼亚高原上的托雷德裴恩国家公园名字中的裴恩（Paine）一词就是德卫尔彻人的语言，意思是“蓝色”。

也只有世世代代生于斯长于斯的当地原住民才可以找到这么简单而确切的一个词来概括这里所有的一切景物。因为曾经有大量的冰川，托雷德裴恩有大大小小数不清的湖泊、河流和泻湖。也许是因为水中一种海藻的作用，这里的湖泊都呈现出一种异样的蓝色，尤其是最美丽的拉哥裴赫湖（Lago Pehoe）。这种蓝色好像不属于自然界，世上再难找出和它一样蓝的东西，倒像是上帝专门为高山上的这面湖水另外创造了一种蓝色似的。

包围着拉哥裴赫湖的柯尔诺德裴恩和托雷德裴恩两座雪山对当地人来说不仅仅是普通的山峰。传说这里曾经住着一条邪恶的大毒蛇，它制造了一场大洪水想要灭绝居住在托雷德裴恩的部落，洪水退去后，毒蛇偷去了部落内最

强壮的两名勇士的尸体，把他们变成了石头，当地人相信，柯尔诺德裴恩（Cuernos del Paine）山的两座并列的山峰就是那两位勇士变的。他们不仅守护着臂弯里的那奇异的蓝色湖泊，也守护着生活在托雷德裴恩的人们。

托雷德裴恩国家公园里汇集了冰川、湖泊、河流、森林和瀑布，大自然的赏赐都在这里，但是因为地方偏僻，天气多变，有机会欣赏的人并不多。也正因为这样，托雷德裴恩数百种野生动物就有了自由快乐地生活的机会。如果你在山间远足，很可能会碰到这里特有的驼马，它们丝毫不怕人，即使近到离它们只有咫尺之遥，几乎能感觉到它们的呼吸的程度，它们也不走开。

托雷德裴恩的天气让很多人却步，但是那高山上的蓝色湖水也美得让人窒息。只有经历过寒冷和大风的考验，这世界上最神奇的地方、人类能够想像得到的最美的美景才会对你开放。

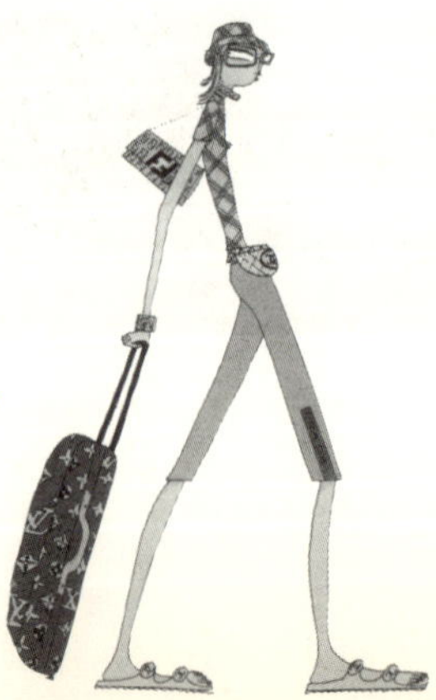

a knowledgeable tourist

☞ 地理概况：托雷德裴恩国家公园位于智利西南部的巴塔哥尼亚高原上，这是阿根廷南部和智利间的一个高原，从里奥科罗拉多一直延伸到麦哲伦海峡，从安第斯山脉一直延伸到大西洋。托雷德裴恩占地面积2421平方公里，于1959年被定为国家公园，1978年被联合国教科文组织划为生物圈保护区。

☞ 气候：气候多变，寒冷多风，1~5月相对比较温暖，平均气温12℃。

☞ 野生动物：国家公园内有40多种哺乳动物（包括美洲狮）以及大约105种鸟类（包括火烈鸟和秃鹫）。

☞ 历史：维京群岛由哥伦布于1493年发现，其后一直由荷兰人开发，直到1666年被英国政府纳入殖民地管辖。英属维京群岛直接由英国伦敦政府管辖，除了有一位代表英国的总督外，群岛拥有自主权，而且议会完全由岛上居民组成。1967年重新拟定宪法后，当地政府享有相当大的自主权，当地总督和议会具有行政和管理权，法律根据英国法制定。1977年当地政府获得了更大的内政管理权，政治上极为稳定，当地政府每年从英国政府得到相当大的补助，几乎没有政治上独立的要求。

英属维京群岛

让人目瞪口呆的美！ ——C.金斯莱

British Virgin Islands

虽然听上去有点老套，人们在形容英属维京群岛时，用得最多得词还是“天堂”。

整个群岛像一弯柳眉，隔开了加勒比海和大西洋，传说中这里是小说《金银岛》中吉姆·西尔法船长和海盗们藏宝的地方。今天，海盗早已难觅踪影，但是全世界的寻宝客却一刻也没有停止过向往的脚步，不是为了金银珠宝，吸引他们的是这里浑然天成、毫无人工矫饰的大自然。

自然是维京群岛的特色。清澈晶莹的蓝色海水围绕在岛的周围，身处其中就觉得世间一切烦嚣都不存在。维京的海不会鼓起惊涛骇浪，却自成波澜；维京的风不会吹到声嘶力竭，却持久淳厚，有如一位温和的贵妇，彬彬有礼、不卑不亢。这样的海，这样的风，不知折服了多少帆板迷和航海爱好者。本来，这世上就很难找出比维京群岛更适合“偷得

浮生半日闲”的地方了。

维京的沙滩也与别处不同，细细的沙竟是一色的白。加勒比海的浪潮受阻于这里的暗礁，带来了白色沙，为群岛添了一处别致的景观。维京的海底世界和它露出海面的部分同样精彩，珊瑚化石、巨穴、海底沉船，只要是加勒比海和大西洋里有的，这里的海域里都有。热爱潜水的人们到了这里，惟有乐不思蜀。

只要看一看岛上人们的生活，你就会明白为什么维京群岛给人的感觉如此不同。在这个世界级的旅游圣地，看不到高耸的豪华旅馆、夜总会或者俱乐部，没有霓虹闪烁，夜夜笙歌，甚至连块招牌都很难看到。岛上的人们用最质朴最简单也最接近自然的方式生活着。大自然孕育了万物，维京人的智慧之处就在于他们懂得努力维持这一片美丽。环保是岛上的第一要旨，政府甚至立法保护海洋生物。而大自然的回报就是，澄澈的海水、清新的空气、丰美的鱼儿……这些，难道还不够么？

a knowledgeable tourist

☞ 地理位置：英属殖民地，位于加勒比海和大西洋之间，距离波多黎各东 60 公里，印第加西北 180 公里的地方，是安的列斯群岛的一部分。

☞ 岛屿数量：45。

☞ 主要岛屿：托投拉岛（Tortola）、维京果岛（Virgin Gorda）、诺曼岛（Norman Island）、彼得岛（Peter Island）等。

☞ 首府：罗德城。

☞ 陆地面积：153 平方公里。

☞ 气候：亚热带海洋性气候，信风适度调节了高温和湿度，年平均温度 30℃。7~10 月多暴风雨。

☞ 节日：英属维京群岛的节日欢庆长达两个多星期，从 7 月底开始到 8 月初。一年中有很多赛舟会，例如每年 4 月的英属维京群岛春季赛舟会，9 月的狐狸吧木舟赛舟会和帆板运动等等。

意大利
阿玛尔菲海岸

Amalfi Coast

梦幻之地！ ——J.斯坦贝克

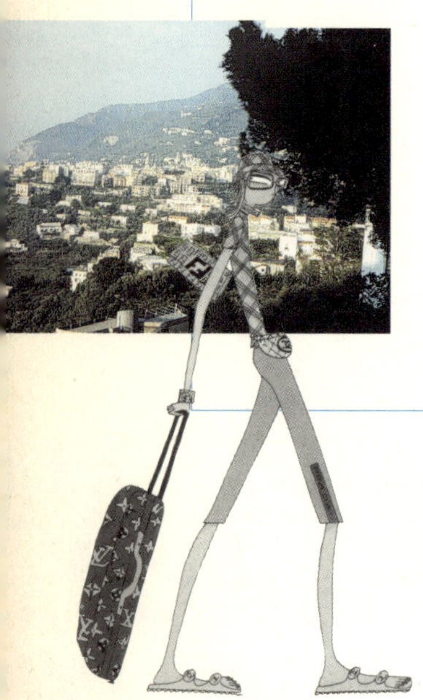

a knowledgeable tourist

☞ 地理概况：意大利那不勒斯以南 48 公里处，紧邻伊特鲁里亚海。

☞ 人口：海岸地区人口约 42000 人。

☞ 经济：旅游业，制陶业，造纸业，柠檬种植业。

☞ 主要城镇或村落：波西塔诺（Positano），萨来诺（Salerno），阿玛尔菲（Amalfi），索伦多（Sorrento），普莱伊亚诺（Praiano）等。

☞ 历史概况：中世纪时期，阿玛尔菲地区曾是一个海上小国，有自己的海军力量，后来被罗马人吞并。阿玛尔菲的近代旅游业开始于 18 世纪。

意大利阿玛尔菲海岸有着典型的南欧风情：热烈的阳光，湛蓝的海水，还有热情得好像当地的阳光的意大利人。

阿玛尔菲海岸永远阳光普照，到处是晒日光浴的游客。对于整天待在办公室的现代人来说，享受日光近乎奢侈，更何况是在阿玛尔菲这样的美丽海滩上。

其实不论是坐船沿着海岸线航行，还是坐在山上的小屋往海上看，都能收获无限风景。阿玛尔菲海岸属于意大利南部的山区，海边多是悬崖或嶙峋的山体，而让人不可思议的是这里的村民将白色的房屋建在崎岖的山路之间。也许是因为此地的村民太懂得享受生活，住在这样的房屋里，总有一面窗正对着蔚蓝的大海，变幻的海景是家中墙上一幅最美的画。从海上望去，这些白色小屋好像是一只只栖息在山石间的小鸟。

离开海滩，走进小镇，又是一种别样的享受。这里的小镇规模不大，人口不多，城里多是小街小巷，只容得下三四个人并排而行，到了晚上便人迹寥寥。走在古老的石板路上，听着自己脚步的清脆回音，觉得这是世界上最美妙的音乐。

阿玛尔菲海岸是一个典型的休闲地方，看看海景，晒晒日光浴，去小镇上逛一圈，品尝刚刚摘下的柠檬做成的各种食品和当地的海鲜，一天很快就过去了。在这里，很轻易地就可以完全忘记还有一个纷繁的世界存在，这里是如此安宁和美丽，让人产生满怀的幸福感。

K e r a l a

印度喀拉拉邦

集中了印度所有的特色。

——F.拉尔多

印度在中国人眼里曾经是遥远而神秘的天竺，是《西游记》里说的一方生长着“黄金为根、白银为身、琉璃为枝、水晶为梢、琥珀为叶、美玉为华、玛瑙为果”的宝树，“无有众苦，但受诸乐”的西天乐土。但是近代以来，印度却离我们想像中的乐土有了越来越大的差距。尽管近年来印度的软件产业遥遥领先于某些发达国家，名列世界第二，但是毕竟这里有广大贫苦的农村，印度女性61%以上是文盲。我们对印度的印象仅止于头戴面纱、眉心点着红痣的妇女和缠着红头巾、骑在大象身上的男人。不过如果你去了印度喀拉拉邦，你就会见识到一个完全不同的印度，一片似乎真正是我们想像中的人间乐土。

K e r a l a

a knowledgeable tourist

☞ 地理概况：印度西南端的邦，面积15000平方英里，属地有44条河流，首府特里凡得琅市。

☞ 气候：热带气候，每年7~9月是雨季，气温常年在23~31℃之间。

☞ 人口：2900万。

☞ 主要城市：特里凡得琅市，科钦市，卡利卡特市。

☞ 主要物产：橡胶，椰子，胡椒（世界上40%的胡椒产于此地），小豆蔻，咖啡，茶叶，腰果，大米，橡胶叶子，槟榔。

☞ 宗教：58%印度教徒，21%穆斯林教徒，21%基督教徒。

喀拉拉邦位于印度西南部，与斯里兰卡隔海相望。这里四季如春，盛产咖啡、橡胶和槟榔等热带作物，其实“喀拉拉”本身就是“椰子之乡”的意思，大片的椰树林在这里是很常见的风景，也是主要的经济来源。

在这里，你可以欣赏全印度最美丽的柯沃兰海滩风情，或者在宁静的内陆河里泛舟，欣赏河道两边遮天蔽日的棕榈树林，感受纯粹的热带风情。喀拉拉邦当地传统的文化、宗教、习俗也别具一格，最著名的卡塔卡利舞热烈奔放，舞者身着绚丽夺目的传统舞蹈服装，伴着印度特有的音乐风格翩翩起舞，美不胜收。当然，我们熟悉而且期待的大象舞在喀拉拉邦也绝不会少。

不过，喀拉拉邦最引人注目的除了自然风光，更多的还是那里的人们安宁幸福的生活状态。这里的宗教气氛非常宽松，多种宗教并存。清晨，你可以听到印度教寺庙里的音乐声，穆斯林清真寺里的祷告声，以及基督教教堂的钟声同时响起，而且和谐共鸣。喀拉拉邦政府积极推行了大规模的改革，将财政预算的 1/2 用于公民教育和健康事业。虽然整个印度的妇女识字率只有 39.42%，但是喀拉拉邦的所有居民，包括女性，识字率高达 95%，已经属于世界先进水平。倡导教育改革的是印度“民众科学运动”的一群科学家，他们志在将科学观念传播给普通大众，以平衡宗教的影响，推动社会发展。参加运动的有大学教授、院士、原子能专家、物理学家等等。他们利用节假日，从扫盲做起，还特别将没有地位的女性团结起来，唤醒她们的自觉，让她们也参加到社会生活中来。

社会改革的结果是让喀拉拉邦拥有一连串让人吃惊的数字。死亡率很低，识字率属于世界先进水平，出生率低于美国，而且还在迅速下降，喀拉拉邦的人均寿命接近美国和西欧水平。喀拉拉邦 3000 万人口中，80% 为农村人口，有 5000 多个图书馆，出版 3000 多份报纸杂志。900 多个乡，每个乡还有自己的报纸，派发到每家每户。“民众科学运动”的科学家们自豪地说：“在喀拉拉，没有人不读报，没有人不谈政治，没有人不唱歌。”

你可以在喀拉拉度过悠闲美妙的一天，在水稻田边散步，在内陆河泛舟，在棕榈树下乘凉，看着当地的孩子们欢快地玩耍。在这里，你知道自己旅游的快乐不是建立在当地人生活落后的基础上，你来这里并非为猎奇，你可以很坦然地和当地人共同享受这片土地上的热带风光，你知道在你快乐的同时，他们过得也很快乐。

打招呼的词语惟独在这里不是“你好”之类的，而是“爱”。

——杰克·伦敦

Hawaiian Islands

夏威夷群岛

a knowledgeable tourist

☞ 面积：16650平方公里。

☞ 首府：檀香山。

☞ 语言：官方语言为英语和夏威夷语两种，但日常生活用语以英语为主。

☞ 人口：19.3万。

☞ 历史："夏威夷"一词源于波利尼西亚语。公元4世纪左右，　批波利尼西亚人乘独木舟破浪而至，在此定居，为这片岛屿起名"夏威夷"，意为"原始之家"。最早发现该群岛的欧洲人是英国航海家詹姆斯·库克船长，他于1778年登上夏威夷群岛，次年被岛上居民杀害。1795年，卡米哈米哈酋长征服了其他部落，建立夏威夷王国。1898年，夏威夷被美国吞并，1959年成为美国第50个州。

夏威夷实在是个梦幻般的地方。这里的天空和海水都是最最澄澈的颜色，棉花糖一般洁白松软的云朵总在天上不紧不慢地悠着，习习的微风怡人得像豆蔻少女投来的回眸一笑。一年四季各种奇花异草张扬地满开路边，还不甘心地散出甜香充溢人们的口鼻之间。金灿灿的沙滩在菠萝树、棕榈树的点缀下平平地直铺入海浪深处，散布在岸边的五彩洋伞下面飘散出美酒的醇香和悠扬的乐声。夏威夷语里并没有“浪漫”这个词，但是浪漫这种风情却融入了夏威夷的每一个角落。

然而就是这么一个旖旎到让人眼皮发沉的地方，孕育了“勇敢者的游戏”——冲浪。

夏威夷的冲浪运动至少已经有600年的历史了。1778年，库克船长踏上这片海岸时，当地人高超的冲浪技艺就让这位闯入者赞叹不已。事实上，几乎每一位目睹过冲浪这种运动的人，都会被不由自主地吸引，借用马克・吐温的一句话，“就算是闪电快车，也难以赶上这令人毛骨悚然的速度。”杰克・伦敦还专门写了一本书，名为《极品运动——去威基基冲浪》，用生动的文笔满怀钦佩地描绘了冲浪的激情：“他并没有为这狂热的运动丧失理智，也没有被那些专制的教士吓倒和摧毁，他只是坚定地踏在浪尖上，出凡超群地驾驭着令人晕眩的浪峰。他的脚下是翻滚的浪花，是

take my Tips 不可不看

☞ 威基基海滩（Waikiki Beach）：威基基海滩大概是世界上最出名的海滩，也是多数游人心目中最典型的夏威夷海滩。海滩区东起钻石山下的卡皮欧尼拉公园，西至阿拉威游艇码头，长达1英里，精华部分是从丽晶饭店到亚斯顿威基基海滨饭店之间的一段，这里有细致洁白的沙子、摇曳多姿的椰子树以及林立的高楼大厦，总长度约三四百米。海水宁静开阔，是假日休闲的理想地点。喜来登阿那冲浪者饭店和威基基饭店之间的沙滩区则是水上运动的最佳地段，可以划船、冲浪，夕阳西下之时，还可以沿着沙滩散步，慢慢欣赏落日的壮观景象。更广义的“威基基”从海边往内陆延伸，有无数的商店、饭店、购物中心。在卡拉卡瓦大道（又称海滨大道）上有威基基海滩最豪华的酒店和商店，街道两旁是疏密有致的椰子树，景致十分迷人。

☞ 钻石头山（Diamond-Head）：威基基海滩上最明显的一个标志，是一座死火山。“钻石头

山”的名字据说是19世纪初英国水手所取，因为他们把这里的方解石结晶误认为钻石。在山顶可以观赏到全檀香山市的风景，此处的日落美景同样令人难忘。

☞ 恐龙湾(Hanauma Bay)：位于欧胡岛的东南边。“Hanauma”是弯曲的意思，由于整个海湾形状如同被一只巨龙围着，所以中文名叫恐龙湾。这里有着众多的珊瑚礁和热带鱼，是潜水赏鱼的最佳去处。

☞ 珍珠港(Pear Harbor)：位于檀香山西侧，与威基基海滩遥遥相对。从1911年起，这里便是美国太平洋舰队和空军的总部和基地。1941年12月7日，日本突袭珍珠港，美军猝不及防，伤亡惨重。现在珍珠港一部分对游人开放，当年被击沉的3万吨级的战舰——亚利桑那号依旧躺在清澈的海底，只露出桅杆，旁边建造了一座白色花岗岩纪念馆——亚利桑那号纪念馆。

INFORMATION

☞ 岛屿数量：132。

☞ 气候：夏威夷全年的气温变化很小，没有季节之分，2、3月最冷，8、9月最热,一年四季气温在14～32℃，通常情况下，从10月到次年4月雨量最大，随时可能下雨。旅游旺季是从12月中旬开始到复活节以及6月中旬到9月初。

☞ 岛上特产：蔗糖、菠萝、咖啡、花卉。

☞ 当地特色：

1）夏威夷衫——夏威夷人不分场合时间，一套以夏威夷布裁制的夏威夷衫通行各处。夏威夷衫剪裁极简，色调却鲜艳浓郁，配合着夏威夷亮丽热烈的海岛风光，显得舒适应景。男人穿的叫阿罗哈衫，女性的花衫有长短之分，白天穿的略短，叫“慕”（Mu），晚上穿的长衫叫“慕慕”（Mumu），以衣服长短命名，也算是当地人一大发明。

2） 草裙舞——说起夏威夷，人们就会想起草裙舞。传说中第一个跳草裙舞的是舞神拉卡。她跳起草裙舞招待她的火神姐姐佩莱。佩莱非常喜欢这个舞蹈，就用火焰点亮了整个天空。自此，草裙舞就成为向神表达敬意的宗教舞蹈。现在，它已经变成用尤克里里琴伴奏的娱乐性舞蹈，观赏草裙舞成了游客游览夏威夷的保留节目。
在夏威夷，无论男女都跳草裙舞。跳舞时，男性只缠着一条腰带。女性则不着上装。第一批到达夏威夷的传教士们，立刻被这种过分暴露的服装吓坏了，颇为性感的舞蹈动作也令他们反感，因此草裙舞被禁止了。然而草裙舞被秘密地保留了下来。1874年卡拉考阿国王执政后，恢复了这种传统舞蹈，但要求女性不得裸露上身并穿上长裙。

3） 卢奥（Luau）——“卢奥”的意思是夏威夷式宴会，也是一个盛大的波利尼西亚节日聚会，可以在一年中的任何一天举行。
每次卢奥上都有一些只属于波利尼西亚的美味佳肴，主菜总是一只卡卢阿烤猪。做这样一只烤猪得费好几道工序：先在地上挖一个洞，周围用岩石围起来，用牧豆树做柴火；等岩石烧热的时候，用巨型朱熏和芭蕉叶裹好整只猪，再放进特制的罐里，烤上4~8个小时才可以拿出来食用，开罐的时候也表示宴会正式开始了。

升腾的海浪……”

今天的冲浪爱好者和往日夏威夷的乘风破浪者相比，狂热程度只能说有过之而无不及。当海水适于冲浪时，其他一切事情都可以扔到一边。

可以说，有海浪的地方就会有冲浪，但是夏威夷却一直是冲浪爱好者心中的圣地。在夏威夷海岸，有些浪头甚至可高达 8 米以上，所以这里就成了冲浪高手们得天独厚的秀场，时常可以看到高难度的表演。海浪卷到最高处时，由于前进的惯性和重力作用，会卷成一个液体圆筒，像一根不断延伸的管子一样，而真正的高手却能穿越这条隧道，而不被巨浪卷入水底，过程中表现得越舒展、从容、优雅的，水平就越高。

于是，在这里就有了两种截然不同的景象：一面是享受自然的极致，一面是搏击自然的极端；一面是悠闲舒适的顶点，一面是惊险刺激的高潮，而夏威夷也因此避免了落入单一的俗套而变得立体起来。

Hawaiian Islands

作为诱惑者的阳光

England's Lake District

光与影是造物主时时挥动的画笔。 ——R.威尔顿

英格兰湖区

诗人的故乡

用“湖光山色”来形容英格兰湖区的景色是再合适不过的了。这里是英国最美丽的国家公园。造物主在这里布下了一切自然界能有的美丽风景：湖泊、河谷、山峰、瀑布。最美的当然还是星罗棋布的湖泊。

水是这里的灵气之源。无论是广阔的温德米尔湖，还是小巧的葛拉斯米尔湖，都让人感叹大自然的精心雕琢。著名英国浪漫主义诗人济慈曾说，温德米尔湖能“让人忘掉生活中的区别：年龄、财富”。你很容易就会迷失在美景中，忘了时间，

a knowledgeable tourist

☞ 地理概况：湖区位于英格兰西北海岸，靠近苏格兰边界，方圆2300平方公里，1951年被划归为国家公园，是英格兰和威尔士的11个国家公园中最大的一个。湖区拥有英格兰最高峰斯科菲峰（Scafell Pike）和英格兰最大的湖温德米尔湖。坎伯里山脉横贯湖区，把湖区分为南、北、西三个区，湖区北部最大的城镇是凯斯维克（Keswick）。

☞ 人口：湖区居住人口为4万人，但每年来此的游客人数可达140万人。

☞ 气候：湖区夏季平均气温为16℃，冬季平均气温4℃。

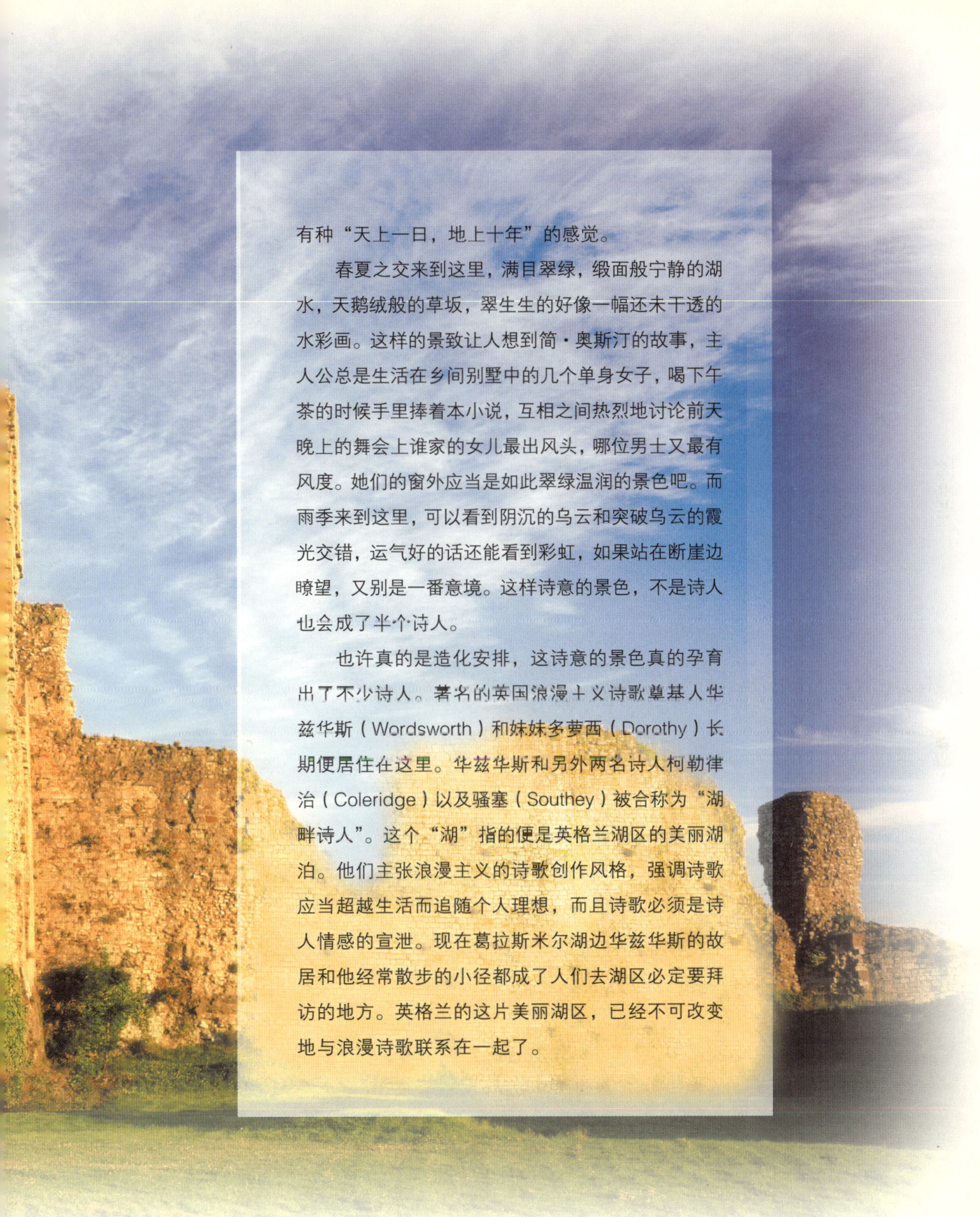

有种“天上一日，地上十年”的感觉。

春夏之交来到这里，满目翠绿，缎面般宁静的湖水，天鹅绒般的草坂，翠生生的好像一幅还未干透的水彩画。这样的景致让人想到简·奥斯汀的故事，主人公总是生活在乡间别墅中的几个单身女子，喝下午茶的时候手里捧着本小说，互相之间热烈地讨论前天晚上的舞会上谁家的女儿最出风头，哪位男士又最有风度。她们的窗外应当是如此翠绿温润的景色吧。而雨季来到这里，可以看到阴沉的乌云和突破乌云的霞光交错，运气好的话还能看到彩虹，如果站在断崖边瞭望，又别是一番意境。这样诗意的景色，不是诗人也会成了半个诗人。

也许真的是造化安排，这诗意的景色真的孕育出了不少诗人。著名的英国浪漫主义诗歌奠基人华兹华斯（Wordsworth）和妹妹多萝西（Dorothy）长期便居住在这里。华兹华斯和另外两名诗人柯勒律治（Coleridge）以及骚塞（Southey）被合称为“湖畔诗人”。这个“湖”指的便是英格兰湖区的美丽湖泊。他们主张浪漫主义的诗歌创作风格，强调诗歌应当超越生活而追随个人理想，而且诗歌必须是诗人情感的宣泄。现在葛拉斯米尔湖边华兹华斯的故居和他经常散步的小径都成了人们去湖区必定要拜访的地方。英格兰的这片美丽湖区，已经不可改变地与浪漫诗歌联系在一起了。

take my Tips 不可不看

INFORMATION

☞ 温德米尔湖(Windermere Lake)：温德米尔湖是全英格兰最大的湖泊，湖面狭长，全长17公里，最宽处2公里，绝对是泛舟的好地方。湖中有数个小岛，不过只有一个有人居住。温德米尔湖附近的小镇和村落有：波尼斯(Bowness)、安布塞德(Ambleside)和鹰岬(Hawkshead)。

☞ 葛拉斯米尔湖(Grasmere Lake)：葛拉斯米尔湖位于温德米尔湖北边，小巧优美，除了怡人的风景外，这里也以华兹华斯的故居"鸽舍"（Dave Cottage）和他散步的故道而闻名，在诗人眼中，这里是"痛苦世界里安宁的中心"。

☞ 凯斯维克(Keswick)：一个维多利亚时期的古老市镇，周边有数条林间小道通向附近的断崖和瀑布。附近还有著名的凯尔特人的巨石遗迹：卡塞里格石圈（Castlerigg Stone Circle），充满了古老神秘的气息。

常年生活在湖区的还有一位著名的儿童文学作家比阿特丽克斯·波特（Beatrix Potter），她与她的先生相识于湖边，居住在湖边，守着这片美丽的大湖过了半生。她的《彼得兔的故事》（1902 年）也就是由湖边的美景引发而来，故事读得久了，会真的把彼得兔和它的一群好朋友当成了生活在湖区的可爱精灵。

湖区周围的小旅馆也充满了浓浓的文化气息，他们大都掩映在树林中，或是建在湖边，旅馆房间布置优雅大方，餐厅往往摆放着维多利亚时代的瓷器，卧室床头的小书柜上是英国文学名著，莎士比亚的诗集是少不了的。在这如诗如画的湖边，捧一本经典的英国诗集，度过一个远离尘嚣的安静夜晚，实在是无比惬意的事情。

著名的湖畔诗人华兹华斯曾说："我不知道还有什么别的地方能在如此狭窄的范围内，在光影的幻化之中，展示出如此壮观优美的景致。"是的，没有人知道，因为最好的已经在这里了。当你沿着湖边的林中小径散步，呼吸着湖上的氤氲雾气时，千万不要忘了带上纸和笔，也许，你的诗句就会诞生在刹那的灵光一现。

新西兰北岛

North Island, New Zealand

那些日子是如此的静谧，

仿佛地球因美丽而停止了转动。

——K.曼斯菲尔德

如果没有电影《魔戒》，《魔戒》原著的作者托尔金也许永远不会想到，这世上居然真的可以找到他想像中的“中土世界”。据说《魔戒》的导演彼得·杰克逊（Peter Jackson）从1999年就开始寻找外景地，最后终于找到了可以重现7000年前风土的地方——新西兰，用他自己的话说就是，“新西兰散发着古老欧洲乡间的气息，但是也有一种奇幻的感觉，最适合拍摄《魔戒》三部曲。”

剧中主角佛罗多的故乡夏尔(Shire)，有着一望无际的大草原、树木林立的森林，绿草如茵的小山坡上有着一个一个的“洞门”，这儿就是小矮人“哈比族”（Hobbits）的家园——哈比屯（Hobbiton）。当导演和工作人员看到位于新西兰北岛的玛塔玛塔（Matamata）村时，立刻就认定这是哈比屯的最佳场景。这些小型的绿色山坡，风光明媚，充满着悠闲的田野风情，简直就是活生生的哈比族家园。伊恩·麦克连（Ian McKellen）说：“这里有真正的青苔、真正的树木，一下就让人融入哈比族人悠闲的田园生活，我根本不必用什么想像力，因为哈比屯的场景让我演的灰袍巫师甘道夫一下就有了回家的感觉。”

而影片中如仙境般美丽且带着梦幻气息的精灵王国瑞芬戴尔，就在北岛威灵顿北方的凯多克地区公园。凯多克绝美空灵的景色，相当符合精灵国度的形象。在这儿，精灵国王艾隆德救回佛罗多岌岌可危的生命；在这儿，佛罗多自愿将魔戒带至魔域的末日山脉加以摧毁；在这儿，9 人魔戒远征队成立。

在北岛，魔戒迷们还可以发现更多《魔戒》的脚步。怀卡帕帕山区前的朗吉波火山平原，过去是陆军操练场，如今成为《魔戒》第二集《双塔奇兵》中的摩多城前的“葛哥洛斯平原”；第二集的重头戏圣盔谷在威灵顿郊区的俄帕哈特，在这里，以甘道夫为首的魔戒守卫军和萨鲁曼的邪恶军团展开惨烈的殊死战。继续往南走，首部曲中精灵公主亚玟骑马载着佛罗多被戒灵追逐的戏，摄于小镇泰拉斯上的一个松木林场，而她进入精灵国度之后，念动咒语发动洪水阻挡戒灵的地方，则在箭城小镇的卡威拉河。

由此可见，新西兰被誉为“人间最后的净土”不是没有道理的。这里拥有至今仍保持原状的大自然：100% 纯净、原始，充满生命力。白雪皑皑的峰峦，金光灿灿的海滩，晶莹碧透的湖泊，苍翠茂密的原始森林。有人说，“新西兰的草原看起来像英国，但是它的山脉却像瑞士的阿尔卑斯，同时它清澈的湖泊又像意大利。”集中了这世上太多精髓，新西兰，想不精彩也难。

a knowledgeable tourist

地理位置：新西兰两大主岛中北端的一个，位于西南太平洋上。

面积：44281 平方英里。

主要城市：奥克兰、惠灵顿（新西兰首都）。

人口：270 万，其中 88% 是欧洲后裔，8.9% 是毛利人。

气候：四季分明，年平均气温 12℃左右。

语言：英语、毛利语。

货币：新西兰币。

主要工业：煤、天然气、造纸、肉类、奶制品、旅游业。

神话传说：在古老的毛利族神话里，北岛被称为“Te Ika a Maui”，意思是“毛依之鱼”。传说中，毛依在这里钓起了一条大鱼，他的兄弟们没有听从警告，去啃咬鱼肉。鱼拼命挣扎，狂暴的动作形成了北岛如今山峦起伏、千姿百态的景观。

INFORMATION

☞ 火山地热景观：这是最具新西兰特色的奇观，在世界上其他地方很难见到。代表地区是位于新西兰北岛中部的罗托鲁阿(Rotorua)，陶波(Taupo)两座城市。

☞ 罗托鲁阿：北岛最负盛名的旅游观光地，这里最有特色的当属火山地热喷泉。地底深处的高压地热夹带着水气，喷射直冲云天，高度可达30米，场面十分壮观。在这里可以亲眼目睹热气蒸腾的火焰山、泥浆翻滚的青蛙池、开水锅般沸腾的硫磺泉、云雾缭绕的盘丝洞，还可以领略闻名世界的波利尼西亚地热温泉，浸泡在弥漫着白色硫磺气味的露天温泉池中，会让人忘记一切烦恼。

Loire Valley

卢瓦尔河谷：法兰西花园

生我养我的，

正是卢瓦尔河谷这个法兰西花园。

——拉伯雷

地理概况：卢瓦尔河谷是位于法国中部、卢瓦尔河中游的平原流域，方圆27500平方英里。卢瓦尔河是法国最长的河流，全长约1020公里，沙质的堤岸，每年秋天进入汛期。

地区人口：550万人。

曾在此居住过的名人：乔治·桑、德帕狄约、普鲁斯特、巴尔扎克、拉伯雷、迪卡尔等。

气候：气候温和。

特产：古堡、白葡萄酒和作家。

布卢瓦城堡：曾经作为法兰西皇城达一世纪之久，城堡的建筑处处都突出法国王室的象征——百合花的形象。

雪瓦尼城堡：卢瓦尔河谷所有城堡中家具最华丽的一座。

其他城堡：布卢瓦城堡（Blois），雪瓦尼城堡（Cheverny）等。

要完整领略法国风情，只消去两个地方，一是巴黎，一是卢瓦尔河谷。如果说多元文化汇聚的巴黎代表法国浪漫而前卫的一面，那么卢瓦尔河谷则是法国恬静古典的后花园。巴黎的美，美在各种文化风格的撞击和矛盾之间；而卢瓦尔河谷则美在它甜美纯粹的法兰西风情。

卢瓦尔河是法国第一大河，它最美的一段便是中游河谷。河流两岸有许多精致的小山丘，古老的城堡掩映在绿树丛中。这些古堡大都建于中世纪和文艺复兴时期，幽深的古堡宅院，青苔斑驳，为这个法兰西花园增添了几分沧桑感。英法百年战争时期，法国王室曾经逃到卢瓦尔河谷避难，因此卢瓦尔河谷也被称做“帝王谷”，不少古堡都留下了皇室的奇闻轶事，这使得城堡变得更加神秘起来。

最著名的城堡要数神农索堡（Chenonceau），城堡左右两翼分跨卢瓦尔河支流察尔河（Cher）两岸，中间由五孔廊桥相连，常被誉为“停泊在察尔河上的船”。这是卢瓦尔河谷所有古堡中最富浪漫情调的一座，许多新人都选择在这里举行婚礼。城堡建筑极具文艺复兴时期的奢华优雅风格。这里曾经居住过多位国王的爱妃和贵妇人，因此，和古堡相关的轶事总少不了爱情的影子。

香堡（Chambore）是卢瓦尔河谷地区又一座神奇的所在。它兴建于弗朗索瓦一世，是法国王室狩猎的行宫。然而当初修建城堡的动机却仅仅因为弗朗索瓦一世爱上了住在这里的一位姑娘。

有杂志毫不避讳地说卢瓦尔地区的法语是最纯粹的法语，并不怕这会引起所谓“有失偏颇”的抨击。也难怪，这里诞生了现代小说之父拉伯雷。拉伯雷曾说：“生我养我的，正是卢瓦尔河谷这个法兰西花园。”卢瓦尔河谷不仅孕育了拉伯雷，还有女作家乔治·桑、普鲁斯特、巴尔扎克、迪卡尔等，巴尔扎克的《人间喜剧》便在这里写成。他们的生活，他们的作品都与河谷的美丽分不开，同时也让这个法兰西花园更添一份淡淡的书香，可以说是卢瓦尔书写了他们，或者是他们书写了卢瓦尔。

卢瓦尔河谷最具有法兰西花园特色的是日落景色。你是否想过在某个初夏的黄昏，坐在某个可以俯瞰卢瓦尔景色的阳台上，看对面神秘幽静的古堡和远处的葡萄园被落日余辉染成莫名的斑斓，完全是一幅印象派大师莫奈的作品。一颗细小的石子便让水中城堡的倒影随着水波一圈一圈荡漾开去。空气中是河谷花草的淡淡幽香，而你的手中正端着一杯卢瓦尔河谷出产的白葡萄酒。这样一种纯粹法国的悠闲风情，除了卢瓦尔河谷，世界上还有哪个角落能找到？

大苏尔

在大苏尔，我不由得发出对天主的赞美！

——亨利·米勒

- 地理位置：加州中部自蒙特里至圣西梅恩的海岸。
- 面积：约3000平方英里。
- 气候：冬季温和湿润，平均气温18℃左右，夏季宜人，平均气温24℃左右，偶尔会有35℃的高温天气。

加州的高速公路是修在画里的，沿着著名的一号公路从旧金山往南去，几百公里一路蜿蜒，一路让人凝神屏息的壮美。

左边是陡峭的石壁，平地而起斜插向蓝天。峭壁岩脊上的加州松树，一排排一行行，密不透风地以特有的姿势挺着：上身向内陆倾斜，顶上绿色的枝叶相互缠绕支撑，一根根棕褐色的树干，与地面形成了无数条夹角平行线。

右边是让人目瞪口呆的一片蔚蓝的无垠。宝蓝靛蓝深蓝浅蓝色的水面上翻腾出浓浓的纯白色泡沫，金黄淡黄草黄暗黄色的沙滩绵绵弯入海浪深处，更有一条条从海岸峭岩向大洋伸展出去的岩石的触角，阻挡着汹涌而来的浪涛，海水拍出一团团晶莹后无奈地四下溅出。

这就是大苏尔典型的景色，其中透着一种从未被践踏过的原始的自然美。

来到这里，就仿佛和人类社会隔绝开来。清晨的海滩上，偶尔可以看见蝴蝶自由地飞来飞去，除了鸟的叫声外，周围的一切便是蓝色雾霭中的清新空气了；黄昏的沙滩上，“漂浮”在海上的落日是惟一的伙伴，偶尔能看到鲸鱼探出水面；夜幕降临的时候，除了偶尔远处射来的昏暗车灯外，陪伴左右的就只有满天的点点繁星了。

只有在这里，才能体会到“茫茫无垠”的意境。放眼望去，海上几乎没有任何船只，目力所及之处，看不到任何小岛，天地间似乎只剩下这一片茫茫的蓝色。海水击打着岸边无数的岩石，浪花此起彼伏，轰隆轰隆的声音经久不衰。在这里，人类显得无限渺小，一阵风声一排涛声一片枝叶的沙沙声，就深深地淹没了它的一切声息。

这里的人与自然为伴，与自己为伴，生活得简单宁静。海边山顶的寺庙里没有电视，也没有电话，连门上都不装锁。抛弃了现代文明提供的便利，却可以和大自然靠得更近。

Big Sur

赫斯特城堡（Hearst Castle）

赫斯特城堡是加州最豪华的城堡，它的主人威廉·伦道夫·赫斯特（William Randolph Hearst）生前是美国二三十年代传媒业大亨。城堡修建在山顶上，历时28年才完工，极尽奢华之能事。湛蓝透明的室内外游泳池是整个城堡的点睛之作，室内游泳池底由马赛克拼成海底动物图案，池岸用纯金镶嵌；室外游泳池四周是洁白的大理石石雕，配着瓦蓝的池水，相当华丽。赫斯特一生酷爱收藏艺术品，城堡内的家具、挂毯、绘画、雕塑、壁炉、天花板、楼梯，甚至整个房间，都是艺术珍品。

新卡默达利修道院（New Camaldoli Hermitage）

新卡默达利修道院位于大苏尔以南的桑塔露西亚山（Santa Lucia Mountain）中，环境清静优雅，终年对外开放，并且提供饮食和住宿。修道院属于罗马天主教本笃会（Benedictine），里面住着20多位修士。在这里可以暂时抛开凡尘杂念，享受一下短暂的安宁。

take my Tips 不可不看

Canadian Maritimes

紫色的雾，沉静而浪漫，

模糊了远处的灯塔。

——L.蒙哥马利

加拿大滨海诸省

a knowledgeable tourist

☞ 地理位置：缅因州以北，加拿大东部，包括爱德华王子岛、新斯科舍省和新不伦瑞克省。

☞ 面积：51000 平方英里，占加拿大国土总面积 1.4%。

☞ 气候：潮湿、多风多雾，1 月平均温度在零下 5℃，7 月平均温度 22℃，8、9 月为最佳旅游季节。

☞ 人口：180 万。

☞ 语言：英语、法语。

如果你碰巧知道小说家露西·蒙哥马利和她著名的小说《清秀佳人》，那么对于爱德华王子岛一定不会觉得陌生，因为这里正是作者和书中女主角安妮的故乡。

“马车行经苹果树林下，头上连绵的白花拱形天盖发出沁人幽香，天盖尽头呈现七彩绚烂的晚霞，紫色暮霭笼罩着大地……”书中的安妮为初见的美景目瞪口呆。事实上，初到爱德华王子岛，每个人的反应都是这样。

在这块海外大陆上，四处弥漫着浓浓的欧洲风情。大量的蓝、绿、红挥洒出爱德华王子岛的主调，鲜明又柔美。

当地人口中的“安妮的土地”（Anne’s Land）位于岛的中北部。许多人，尤其是日本人，千里迢迢地赶来，只是为了印证书中的描述。这块土地是对得起书迷的执着的。现在的凯文迪

take my Tips 不可不看

☞ 加拿大沿海诸省饕餮之行：

龙虾：加拿大沿海都盛产龙虾，新不伦瑞克省更是有“世界龙虾之都”的美称，千万不能错过。当地的麦当劳甚至还供应龙虾卷、龙虾沙拉和龙虾汉堡。吃在嘴里，龙虾的比例多过面包。

鲑鱼：当地的鲑鱼也是顶呱呱的，配上加拿大的另一大特产枫糖，就成了当地的一道名菜：枫糖熏鲑鱼。鲑鱼肥美，枫糖香浓，光是上菜时的香味就让人垂涎欲滴。

淡菜：淡菜是爱德华王子岛的特产，在每家餐厅都可以吃到。用香嫩可口的淡菜佐以西芹、胡萝卜，加少许白酒清煮，吃的时候蘸奶油，相当有趣。

（Cavendish）还是1908年蒙哥马利笔下“艾凡利”（Avonlea）的淳朴模样，“绿屋”（Green Gable）也依然一派清爽地立在山坡上，白墙绿顶，被花园、草坪、谷仓、小溪、森林环抱。小小的庭院中，散落着农具、马车、木椅，房间里摆着安妮的衣物、书本、手提袋，仿佛主人随时都会回来。窗外，向日葵、玫瑰花迎风微笑。到了这里，放下杂念，畅快地深呼吸，尽情地放轻松，空气中有日光的香味。

静静的，悄悄的，爱德华王子岛每天守着日出日落，单是那份从容就让人神往。红土地勾勒出迷人的景致，美味的海鲜永远让人垂涎，红发安妮的故事依然为人传颂，维多利亚式的房舍始终鲜艳亮丽。看似平淡无奇，个中却透出无限诱惑，也许这就是清秀佳人的特质。

INFORMATION

☞ 各省特色：

☞ 新斯科舍省：新斯科舍历史悠久，古老的渔村和灯塔几乎在该省各地都有，是赏枫赏鲸的好去处。该省最著名的旅游景点当数位于省会哈利法克斯（Halifax）西面的佩姬湾灯塔。

☞ 新不伦瑞克省：“英法混血”的新不伦瑞克省具有英国与法国阿卡迪亚移民的文化，加上拥有海洋以及大自然风光，可以体验赏鲸、泛舟、海钓、潜水、帆船和阿卡迪亚文化。

☞ 爱德华王子岛省：圣劳伦斯海湾中的爱德华王子岛省是加拿大面积最小的省份，以“联邦的诞生地”而著名，它的省会查洛特城(Charlottetown)是1867年加拿大宣布成立自治领的地方。爱德华王子岛还以绿屋(Green Gable)闻名，它是作家露西·蒙哥马利撰写安妮故事的灵感源泉。分散在该岛的白沙海滩是北美最美丽、最无污染的海滩。

佛蒙特

Vermont

我很幸运，因为我有一扇可以
收得进佛蒙特风景的窗子
——M.帕里希

V e r m o n t

电影《阿甘正传》里，阿甘失去詹妮后开始跑步，从大西洋跑到太平洋，从麦浪翻滚的原野跑到红叶灿烂的小镇。这个美仑美奂的红叶镜头就是在佛蒙特的詹妮农庄(Jenny Farm)拍摄的：长长的栅栏，暗红色的小房子，漫游的小牛，衬着金秋原野的背景，完美如画。

除了佛蒙特，世上也没有哪一个地方，可以连秋天都那么轰轰烈烈。佛蒙特的枫叶季节开始于每年的 9 月，一直延续到 10 月。在这一个月里，枫树叶子逐渐由绿转黄，再变橙黄、鲜红、深红，最后变成褐红才掉落。北部靠近加拿大边境的地方，气温低，海拔高，枫叶最早变红，此后，红色差不多每天向南延伸 10 英里。因此人们就有幸看到这番人间的奇景：北方的枫叶已然红透，南方还是金黄，南北交界处的色彩最为丰富，从最深的紫红，到火把一样的赤红，明明暗暗的金黄，点缀着松树的绿、木屋的白，这满山遍野的锦绣，浓烈得像最华丽的印象派画布，一派如火如荼的生机勃勃，所谓悲秋之气荡然无存。红极而落的叶子，掉在地上，声音也是干脆明快的，不带一丝生命将尽的悲凉。

佛蒙特除了枫叶，还有红色谷仓，白色尖顶小教堂，廊桥，奶牛场，小镇，丘陵……青山山脉如同脊骨，贯穿整个州,不是很高，缓缓起伏连绵不止，处处是最典型的美国田园风光。如果说中国的田园意境是“采菊东篱下，悠然见南山”，那么美国版本的归隐理想，应该就是佛蒙特这样的地方：一个白色尖顶木屋，门前一条弯曲的石子路，路边一块方正的池塘，屋后斜着一颗老树，枝干黑漆漆的，满树五角形的叶子还是绿的，只在树顶红了三两片，像是栖着红色的鸟。

在佛蒙特不会有声色犬马的刺激，也没有纸醉金迷的新潮，这里处处洋溢的是传统的温和安静。整个佛蒙特州几乎可以说没有什么历史，虽然很早就有人定居，但是连年和平，除了“安居乐业”四个字，似乎就没有什么值得大书特书的事情，经济也不是风风火火的那种。就像有一种男人，干净整洁，话不多，却温和踏实，不会留长发扎马尾，也没有一脸风霜的沧桑，却能够陪着你在壁炉的地毯上一起读读书。

a knowledgeable tourist

☞ 地理位置：美国东北部，毗邻纽约、马萨诸塞、新罕布什尔和加拿大的魁北克，面积24887平方公里。佛蒙特州是新英格兰地区惟一没有海岸线的州，但是群山环绕，阳光充足。

佛蒙特是个最适合户外旅游的州，全州有51个州立公园和62个露营场地，可供人们进行骑马游乐、登山玩水、野餐烧烤、垂钓滑雪等户外活动。此外，还有10多条专门为自行车运动而设的路线。佛蒙特也是许多著名的遗产公园所在地，这里有早期新英格兰建筑（New England Buildings）、绿山国家森林（Green Mountain National Forest）、滑雪地雪山（Mount Snow）、杰伊峰（Jay Peak）、偷运者小路（Smuggler's Notch）和枫林（Sugarbush）等。

☞ 主要城市：首府蒙彼利亚（Montpelier），最大的城市布灵顿（Burlingtom）。

☞ 州花和州鸟：佛蒙特的州花是苜蓿，州鸟是画眉。

☞ 人口：588658，是美国人口密度最小的州。

☞ 气候：佛蒙特四季气温差异很大，春秋最高气温在20℃左右，夏季最高温度27℃左右，冬季寒冷，常达零度以下。

☞ 主要产业：佛蒙特最独特也最应景的特产，是“枫树糖浆”（Maple Syrup)，最早由印第安人发明。冬天在糖枫（Sugar Maple)树皮上切口，解冻后树液流出来，收集加热，滤出糖分，就可以做糖浆了。成年枫树可以产出8加仑树液；30~50加仑树液，可制成1加仑糖浆。最好的糖浆是透明的琥珀色，味道很轻；颜色深的，口味重的，等级就会差一些。这种糖浆只在北美大陆才有，佛蒙特是最主要的产地之一。

佛蒙特还盛产奶制品。全世界最大的大理石和花岗岩矿场都在这里，此外印刷业和旅游业也是佛蒙特州主要的经济支柱。

☞ 历史：佛蒙特源自法语“Verde Mont”，是“绿色山峰”的意思。1609年，法国探险家山姆·迪·尚普兰（Samuel de Champlain）发现了绿山山脉（Green Mountains）和用他名字命名的尚普兰湖（Lake Champlain）。1724年，英国人开始在该地区定居下来。马萨诸塞州、新罕布什尔州和纽约州于1781年、1782年和1790年相继放弃了对这个地区的权利。从1777~1791年，佛蒙特一直是一个独立的实体，佛蒙特共和国，1791年被接纳为美国的第14个州。

挪威海岸

——冰与火的世界

夏天的阳光不会消逝。——K.哈姆逊

Coastal Norway

a knowledgeable tourist

☞ 地理概况：挪威是世界上最冷的国家之一，也是最富有的国家之一，位于斯堪的纳维亚半岛西部，被北海和大西洋环绕。挪威海岸线很长（包括近5万个岛屿和峡湾），总共超过21000公里，海岸多是锯齿形的峡湾，有些地方还被欧洲最大的冰川覆盖。沿岸居民不到300万人。

☞ 最佳景点：挪威海岸基本上以柏根（Bergen）为中心，分为南北两部分。南部主要景点是幽静的哈丹哥峡湾（Hardanger Fjord），北部有世界上最长的松恩峡湾（Sogn Fjord），长达190公里左右，和公认为世界上最美的盖伦格峡湾（Geiranger Fjord）。

☞ 主要工业：石油，旅游业，运输，水利。

☞ 气候：气候湿润，雨量丰富，虽然地处高纬度，但受墨西哥暖流的影响，海岸地区气候十分温和。冬季平均气温 -2℃，夏季平均气温 8℃。

☞ 最佳旅游季节：5~7月。

挪威的国名“Norway”意思是“通往北方的路”，传说古代从欧洲大陆去往北部斯堪的纳维亚半岛有一条沿着半岛北部海岸的必经之路，挪威的国名由此而来。以前说挪威，兴许还会有人想到易卜生和他的《玩偶之家》。现在说到挪威，年轻人首先想到的大概会是村上春树的《挪威的森林》。实际上那只是格里格的一首乐曲名字罢了。挪威并不以森林著称，挪威的魅力展现在它的海岸线上。

曾经以为北欧人一定是冷静内敛的一群，一如他们的天气。其实，只要听一听北欧出色的摇滚乐，看看那里层出不穷的摇滚乐团，就会猜测到北欧人内心暗藏有一种冰火交融的激情。挪威也不例外。

挪威国土有1/3在北极圈内，全年中有段时间是极夜，天气寒冷，长夜无边。因此当不夜的夏天到来时，人们会释放压抑了很久的狂欢心理，出去度假，休闲，放松，庆祝让人郁闷的漫漫冬夜总算过去。

每年夏至那天，挪威人都会集体在海边燃起盛大的篝火，庆祝不眠的太阳重新回来。为了这天的篝火晚会，人们会准备整整一年。他们不断用船把小片漂浮在水面上的木头运上海滩。渐渐地，海滩上的木块便堆积如山，足够在夏至那天燃起熊熊大火。这个风俗起源于古老的迷信，从前人们相信，盛大的篝火可以帮助太阳走过漫长、黑暗而寒冷的冬季。很多家庭，会带上孩子，在夏至这天的夜晚到海岸附近的小岛上过一个烧烤狂欢夜，篝火同样少不了。挪威人用火去迎接午夜的太阳。

Danang to Hue

从岘港到顺化

和　平　的　意　义

因古老而神秘，因伤痕而凄美。
——D.拉森

a knowledgeable tourist

☞ 地理概况：岘港和顺化位于越南中部沿海，两地之间相隔约113公里，由一号国道相连。

☞ 地区特色景致：山区，安静的小村落，泻湖，水稻田。

☞ 气候：岘港－顺化地区冬季平均气温为21℃，夏季为32℃。

☞ 语言：在越南，主要语言是越语，但是在河内、胡志明市、顺化、岘港等大城市里英语、法语也通用。

☞ 货币：越南盾。

☞ 物产：稻米，椰干，胡椒，螃蟹，龙虾等各种海鲜。

Danang to Hue

曾经，岘港和顺化这两个名字是和战争联系在一起的。岘港是美军登陆越南的第一个港口，越战期间，这里是美军的作战基地。1975 年 4 月，北越发起了“春季攻势”，其中就包括顺化—岘港战役。1995 年，美国和越南恢复外交关系，那一年，去越南的观光游客人数超过 100 万。如果仅仅是因为战争，人们就无法享受岘港和顺化的山清水秀、海滩、古迹，那才真是世上第一憾事。

岘港是濒临南海的优良海港，马蹄形的港湾背山面海，又有山茶半岛为屏障，因此这里曾经是兵家战略要地。但是这里更是一个适合度假的美丽港湾。岘港天气清朗，四季如春，海岸线长达 30 公里。在这里你可以享受蓝天碧海，白云沙滩，还有这里原有的那份宁静悠闲。岘港的建筑大多是白色，远远望去，阳光照耀下的岘港好像随时都有千万只海鸥在展翅飞翔。

顺化的美不仅仅是自然风光，还有它的历史人文气息。这里曾先后是越南封建王朝旧阮、西山阮和新阮朝的都城。历代皇帝的宫殿建筑“皇城”便在北部顺化的京城里。顺化的皇城面对香江，背靠御屏山，是仿造中国的故宫修建的，与故宫有颇多相似之处。皇城有午门、和平门、显仁门、彰德门四个城门。1945 年 8 月 30 日，阮朝最后一个皇帝保大就是在午门正式宣布退位，把象征皇权的宝剑和玉玺交给了临时政府代表团，标志着越南封建君主制度的最后废除。

岘港的沙滩上，人们享受着阳光和海水 ；顺化大学校园里，身材苗条，容貌清秀的女学生们身着越南传统的白色服装，宛如花丛中的白色蝴蝶翩翩飞舞。被和平保护着的这一切都是多么美好啊。

☞岘港（Danang）简介：岘港自19世纪开始就是越南中部最大的港口和工商业中心。越战时期，岘港是美军进入越南的第一个港口。现在岘港是越南第三大城市，以渔业和旅游业为主。岘港背靠五行山和福祥山。五行山东临南海海滩，在海边平坦的沙滩上，金、木、水、火、土6座山峰（火山为双峰）屹然矗立，气势雄壮。同时这里拥有众多历史文化遗迹，如占婆博物馆，高台教寺庙，等等。

☞顺化（Hue）简介：顺化是越南中部的历史名城，面积150平方公里，人口约20万。顺化是越南最后一个封建王朝阮朝的首都，有300多年的历史。阮朝的京城里有皇城，皇城内有太和殿和紫禁城。城郊还有明命陵、嘉隆陵、绍治陵、嗣德陵等皇陵，以及慈潭寺、保国寺、海云岭王宫，天姥寺等等。

伟大的阿尔卑斯山是一条人类通往不朽之路。——H.贝洛克

Alps 阿尔卑斯山

一说到山，信手拈来现成的词就是“青山”。在大多数人的经验里，但凡美丽的山，必然是满身一色的青翠。阿尔卑斯山却是独树一帜，绵延不绝的山峦间满眼扑来的都是目不暇接的五颜六色，满山遍野童话世界般的花团锦簇，生动得让人呼吸停滞。

在高速公路上看车窗外的阿尔卑斯，远处的高山像穿着翻云滚浪的大裙了，裙角一勾就是一串高高矮矮的山峰，漫着白雪的山尖，在阳光下云蒸霞蔚一片灿烂。芳草碧连天的丘陵起起伏伏，无边无际，田垄、树林、山冈延伸得长长的，单是绿色就有深深浅浅的百八十种。山脚下的坡地是大片的牧场，依着山势，泛出一片平整的黄绿色；繁星般的小野花，黄的、白的、紫的开成五彩斑斓的一片片，白花黄花的奶牛在悠闲踱步，红瓦尖顶的住家小屋就漂在这姹紫嫣红的花海上。更有一些不知名的小湖小河，颜色是晴空般的蓝，荡漾着雪山倒影，芦苇草、蒲公英、各色不知名的野花、大伞盖似的老树浓荫，舒舒坦坦整整齐齐地围着明镜般的湖面。湖面上顺风滑过的三角帆，热活活的鲜红明黄，在青山绿水间，亮得像灿烂的宝石。在这样的一幅图画面前，用不着美酒，只需一阵带着花香的山风，就熏得人心旷神怡。

A l p s

忍不住走进这画中去，一两个转折，一片葱茏中，蓦然就是一个中世纪的小镇。鹅卵石铺成的小街一尘不染，木舍的外墙用白松树皮包起，在阳光下泛出起伏的波纹。屋檐下挂着串串腊肉，后院里齐齐整整地堆着冬季用的劈柴。镇上家家户户都养花，里里外外开得热热闹闹，连牛棚的窗沿上都摆着大花盆，粉红黛绿的一片。望着这古朴宁静却如大花园一般的小镇，你会突然明白，阿尔卑斯山有这么多令人迷醉的色彩，并不是大自然独赐给它更多的优厚。它的低处一样是山毛榉，较高的地方一样是云杉和枞树，再有就是落叶松和灌木之类。自然气候决定了阿尔卑斯山不可能比别处有更优裕的自然条件，这般鲜艳夺目的山色，是因为这里的人更懂得如何打扮自己的家园。

a knowledgeable tourist

☞地理位置：阿尔卑斯山脉是欧洲最高大、最雄伟的山脉。它西起法国东南部的尼斯，经瑞士、德国南部、意大利北部，东到维也纳盆地，呈弧形贯穿了法国、瑞士、德国、意大利、奥地利和斯洛文尼亚6个国家，绵延1200公里。山势高峻，平均海拔约为3000米左右。海拔4000米以上的山峰有100多座，耸立于法国和意大利之间的主峰勃朗峰，海拔4807米，因峰顶终年积雪而得名，是欧洲第一高峰。

☞历史概况：阿尔卑斯山除了主山系外，还有4条支脉伸向中南欧各地：向西一条伸进伊比利亚半岛，称为比利牛斯山脉；向南一条为亚平宁山脉，它构成了亚平宁半岛的主脊；东南一条称迪纳拉山脉，它纵贯整个巴尔干半岛的西侧，并伸入地中海，经克里特岛和塞浦路斯岛直抵小亚细亚半岛；东北一条称喀尔巴阡山脉，它在东欧平原的南侧一连拐了两个大弯然后自保加利亚直临黑海之滨。大约1.5亿年以前，现在的阿尔卑斯山区还是古地中海的一部分，随后陆地逐渐隆起，形成了高大的阿尔卑斯山脉。整个山区的地壳至今还不稳定，地震频繁。近百万年以来，欧洲经历了几次大冰期，阿尔卑斯山区形成了很典型的冰川地形，许多山峰岩石嶙峋，角峰尖锐，山区还有很多深邃的冰川槽谷和冰碛湖。直到现在，阿尔卑斯山脉中还有1000多条现代冰川，总面积达3600平方公里，比欧洲国家卢森堡还要大。

☞植被：阿尔卑斯山脉的植物呈带状分布。山地南坡，海拔800米以下属亚热带常绿硬叶林带；800～1800米为温带森林带，其下部为以山毛榉和冷杉为主的混交林带，上部为由云杉、冷杉、雪松等组成的针叶林；1800～2300米处，为森林上限；以上为高山草甸；再上则为裸露的岩石和终年积雪的山峰。夏天，这里气候凉爽，是个避暑的好地方；冬天，这里又成了滑雪、观赏雪景的理想场所。

☞气候：在阿尔卑斯山区，因为四周有高山保护，越深的山谷越干燥，越高的山峰则有越多雨量。降雪量也是各地区不同。海拔700米的地区，有雪的日子每年约3个月；1800米地区，有雪的日子可达半年；2500米地区，有雪的日子可达10个月，2800米以上地区，则终年积雪。在冬天，阿尔卑斯山区经常阳光普照，而中部地方则相反，阴霾密布。故此，冬天是旅游的最佳季节。

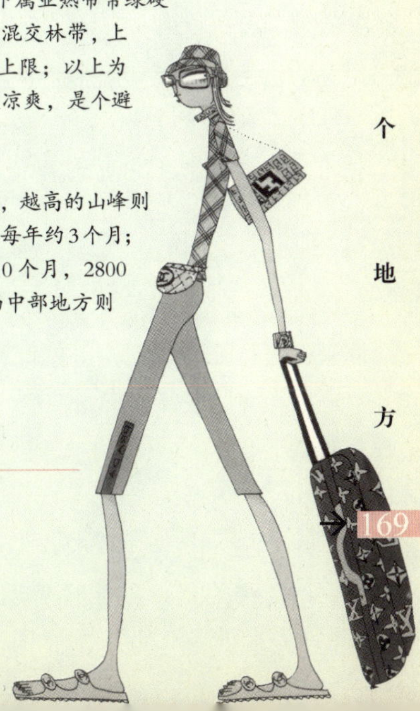

这里的空气真能沁入你的心。

——E.勃朗宁

意大利托斯卡纳区

Tuscany

说到意大利的托斯卡纳区，中国人恐怕还觉得陌生。但是如果提到佛罗伦萨，说起比萨，可能就无人不晓了。而这两个古老的城市正是在托斯卡纳区内。佛罗伦萨更是托斯卡纳区首府所在地。

在欧洲，意大利托斯卡纳早已享有盛誉。从古到今，这里都是名人造访度假的地方。19 世纪英国诗人勃朗宁和勃朗宁夫人传奇般的爱情以私奔告终，他们逃离英国移居意大利，他们没有错过托斯卡纳。勃朗宁夫人写到："这里的空气真能沁入你的心。"英国作家艾·摩·福斯特的多部作品也都以托斯卡纳地区为背景。这里的草地和葡萄园正是电影《看得见风景的房间》中男主人公向女主人公表白的地方。今天，英国首相布莱尔一家也是托斯卡纳的常客，每年夏天他们都要在锡耶纳郊外的别墅里待上两个星期。很久以来，意大利，尤其是托斯卡纳地区，成了英国人逃避世界，或者寻找灵感，休憩身心的地方。

托斯卡纳地区最著名的城市当数佛罗伦萨。佛罗伦萨的旧译名是"翡冷翠"，比如徐志摩的《翡冷翠一夜》说的就是佛罗伦萨。虽然看上去略有些匪夷所思，但是这个精致美丽的名字倒颇让人有些幻想。不过佛罗伦萨的基调并不真的如翡翠般嫩绿。这里最典型的天气——也是托斯卡纳最典型的天气——是阳光下的蓝天白云。色彩鲜艳的墙壁，深绿色的百叶窗，深红色的屋顶才是这里的标志性色彩。

佛罗伦萨是文艺复兴的发祥地和重要城市。这座城市的每个角落都散发着古老的文化艺术气息，精美的大理石雕刻和建筑随处可见，有的还是文艺复兴时期留下来的遗迹，从中能看出佛罗伦萨在文艺复兴时期的繁盛。城内最负盛名的就是佛罗伦萨圣玛利亚教堂（Duomo Santa Maria del Fiore）。教堂的墙面全部用白色、深绿、粉红三色大理石建成，颜色搭配简单而典雅。正面墙壁上有很多白色大理石雕塑，细致精美却不奢华。教堂建造于 1248 年，佛罗伦萨人为了显示自己的地位，想把教堂的穹顶建为当时世界上最大的穹顶，尽管教堂完工的日期又因此被推迟了将近20年，但是这一切都是值得的，这座前后花了150多年时间、经过好几代人的努力才最后完工的大教堂已经成了佛罗伦萨的代名词。

除了佛罗伦萨，另一个让托斯卡纳骄傲的便是这里的葡萄酒。意大利人有严重的葡萄酒情结，他们把葡萄酒与面包、橄榄并列为餐桌上的三要素。而且意大利人认为，葡萄酒能激发对生活的灵感和激情。或许意大利人的热情真的和他们钟爱葡萄酒有关。独特的土壤和高海拔的地势，加上地中海的微风，为托斯卡纳成为意大利最重要的葡萄酒产区提供了完美的自然条件。托斯卡纳葡萄酒据说因为有一种高贵的味道而与众不同，产自这里的Chianti酒风靡全球。

托斯卡纳区的古代艺术品和美丽的乡村景色比比皆是。但是如果要用一幅画面来概括托斯卡纳的印象，那就是一条两边长着树冠修长的柏树的乡村土路，小路直通向遥远不知名的地方，好像要把人带回到托斯卡纳辉煌的文艺复兴年代。

a knowledgeable tourist

Tuscany

☞ 地理概况：托斯卡纳区位于意大利中西部，面积近23000平方公里。行政区首府为艺术文化古城佛罗伦萨。

☞ 历史概况：托斯卡纳（意大利语为Toscana）的名称由伊特鲁里亚（Etruscan）演变而来，伊特鲁里亚文明在公元前500年罗马人入侵之前，统治着托斯卡纳地区。中世纪的托斯卡纳地区，各个城市都是独立的。在不断的征战中，梅迪奇家族统治下的佛罗伦萨逐渐成为众多城市中最强大的一个。这里被认为是文艺复兴发端的地方，涌现出了以乔托、米开朗基罗、达·芬奇、但丁和拉斐尔为代表的一批杰出艺术家。

☞ 气候：春季平均气温15℃，夏季平均气温可达27℃，秋季温和干燥，平均气温16℃，年降水量914毫米，冬季山区有降雪。

☞ 人口：接近400万。

☞ 主要城市：佛罗伦萨，比萨，锡耶纳。

☞ 锡耶纳：每年6月2日和8月16日，在锡耶纳举行的帕里奥传统赛马盛会是托斯卡纳最重要的节日。来自附近17个城镇和地区的选手骑在没有马鞍的马背上角逐，场面壮观。

让心在奇迹前震撼

泰姬陵：一滴爱的眼泪

Taj Mahal

爱情的力量在这里震撼了所有的人。

——马克·吐温

有人说，不看泰姬陵就不算到过印度。的确，在世人眼中，泰姬陵就是印度的代名词。无论国际政要还是普通游客，但凡来了印度，哪怕日程再忙，都要挤出时间去瞻仰一下这座举世闻名的爱情丰碑。

泰姬陵是莫卧儿王朝第五代君主沙杰罕为宠姬泰姬·玛哈尔修筑的陵墓，整个建筑通体用白色大理石砌成，外形端庄华美，无懈可击，寝宫门窗及围屏都用白色大理石镂雕成菱形带花边的小格，墙上用翡翠、水晶、玛瑙、红绿宝石镶嵌着色彩艳丽的藤蔓花朵，光线所至，光华夺目，璀璨有如天上的星辉。几百年来，不知有多少文人墨客为泰姬陵折腰，写下无数动人的诗篇。但是当你真正站在它面前时，才会深深体会到，泰姬陵之美，原来是任何文字都无法书写的。绝代有佳人，遗世而独立。俏立于亚穆纳河畔那个洁白晶莹、玲珑剔透的身影，秀眉微蹙，若有所思。

每天朝霞初起时，一轮红日伴着亚穆纳河袅袅的晨雾，泰姬陵自香梦沉酣中苏醒，静谧安详。也许正是历经了百年的风雨，才能有这般的泰然自若。中午时分，泰姬陵头顶蓝天白云，脚踏碧水绿树，在南亚耀眼的阳光映衬下，更出落得光彩夺目。傍晚是泰姬陵最妩媚的时刻。斜阳夕照下，白色的泰姬陵从灰黄、金黄，逐渐变成粉红、暗红、淡青色，随着月亮的冉冉升起，最终回归成银白色。在月光的轻拂下，即将安寝的泰姬陵清雅出尘，美得仿佛下凡的仙女。

泰戈尔说，泰姬陵是“永恒面颊上的一滴眼泪”。一个如此凄美的比喻，必然血肉相连着一个凄美的故事。

阿姬曼·芭奴，这个来自波斯的女子，美丽聪慧，多才多艺，入宫 19 年，用自己的生命滋润见证了沙杰罕的荣辱征战。沙杰罕封她为“泰姬·玛哈尔”，意为宫廷的皇冠，真真是三

千宠爱在一身。不论中外，红颜自古多是薄命，泰姬在生下第 14 个孩子后死去。死讯传来，沙杰罕竟然一夜白头。再驰骋纵横的帝王也终有脆弱无力的时候，可以在挥手间令万众臣服，却留不住枕边水样的温柔。

于是一个悲痛的丈夫，动用了皇族的特权，倾举国之力，耗无数钱财，用 22 年时间为爱妻写下了这段瑰丽的绝响。痴情的沙杰罕本想在河对面再为自己造一个一模一样的黑色陵墓，中间用半黑半白的大理石桥连接，穿越阴阳两界，与爱妃相对而眠。可惜梦想在皇室的纷争中戛然断裂。泰姬陵完工不久，他的儿子弑兄杀弟篡位，沙杰罕也被囚禁在阿格拉堡。此后整整 8 年里，阿格拉堡宫殿的每个月夜，透过一块水晶石的折射，都有一个伤心的丈夫不眠不休，痴痴地凝望着数公里外月光如洗中爱人的陵墓。

泰姬陵因爱情而生，这段爱情的生命也因为泰姬陵的光彩被续写，光阴轮回，代代不息。尽管有人说，沙杰罕只是一个好大喜功的暴君，根本不是多情种子；尽管有人说，泰姬陵美仑美奂的脚下，不知堆砌着多少人的鲜血甚至生命。但是我们似乎更愿意相信这世上真的有情深义重的男子，有穿越时空的思念，有生死相随的爱情。泰姬陵依然超越着简单的建筑学意义，默默地美丽着，不为别的，只为人心中那一点对爱情的美好向往。

a knowledgeable tourist

☞ 地理位置：新德里东南200公里处的历史古城阿格拉，穆纳河右岸。

☞ 历史概况：1631年开工，1653年竣工，历时22年，世界七大奇迹之一。

☞ 气候：印度属热带季风型气候，一年有四季，冷季：12~3月，热季：4~6月，雨季：7~9月，西南季风退却季：10~11月。

☞ 旅游季节：每年的11月至翌年的3月初天气清凉，是印度全年最佳旅游季节，到处万紫千红，春意盎然，品种繁多的亚热带花卉竞相开放。

☞ 货币：印度卢比。

☞ 语言：印度语、英语。

☞ 宗教：主要信奉印度教、伊斯兰教、基督教、锡克教等。

☞ 开放时间：6:00am~8:00pm

早中晚不同时间去看泰姬陵，景色时时不同。因此，泰姬陵恐怕是世界上惟一一个早中晚游览票价不一样的景点。印度本国游人，白天只要20卢比，而早上7点前或下午5点后却都升至110卢比。

夏天去泰姬陵，要做好“跳舞”的准备。泰姬陵坐落在一座有三四层楼高的大理石基座上，游客穿过甬道、水池，从大门一直走到陵墓后，要想拾级而上，必须先脱鞋，以表示尊敬，即使外国政要也不例外。在冬天暖阳季节，光脚踏在洁白的大理石上，有如云中漫步；而在温度最高可达47℃以上的夏天，终日在火辣辣的阳光烧烤下，平台就是一个冒着热气的大蒸板，脚下烫得厉害，游人不得不在平台上蹦蹦跳跳地快速前行，从远处看，就像是在跳舞。

在泰姬陵主体两旁各有一座清真寺，以砂岩建筑而成，顶部是典型的白色圆顶，而兴建这两座清真寺的主要目的，是为了维持整座泰姬陵建筑的平衡效果，以达到对称之美。

这简直就是一座神的游戏场！

——斯皮尔伯格

梅萨维德国家公园

Mesa Verde

take my Tips 不可不看

☞ 历史：梅萨维德，在西班牙语中是“绿色桌面”的意思。18世纪进入科罗拉多探险的西班牙人，在科特兹镇东边看到一片绿色的平地，被笔直的千尺绝壁团团围住，就像张桌子似的耸立在四周的峡谷中，就叫它梅萨维德。

☞ 人口：主要居住着阿纳萨齐人，最高达到5000人左右。

☞ 绝壁宫殿（Cliff Palace）：一个可供数百人居住的竖式村庄，约建于11世纪。全楼沿崖壁而建，有200多个房间，布局十分紧凑。在高楼周围还有圆形、方形的小楼。一栋长形屋的墙壁长达90米，内部间隔成151个房间；房屋下面开挖23个地穴，最大的地穴有7间房间之大，据称是居民举行宗教仪式的地方。长屋北

科罗拉多高原是一片让人赞叹的土地，红色大地、岩盘、拱洞、峡谷、苍穹、酷日、热风，色彩浓重，对比强烈，它的粗犷荒凉让人啧啧称奇，却令大多数人无福消受。吴宇森的电影《断箭》(Broken Arrow)中，约翰·屈伏塔(John Travdta)和克里斯汀·史莱特(Christian Slater)正邪大斗法的场景就是在这里拍摄的，裸露荒蛮的地表寸草不生，到处是热得发烫的石块。这里号称“神的游戏场”，但是人类这种动物，偶尔也会跟神开开玩笑。

1888年冬天，两个牛仔为了寻找自己失踪的牛，闯进了这片荒凉之地，却意外地发现在一些几乎不能到达的悬崖绝壁上居然有高达三四层的砖石房子。随着一批批考古学家们纷至沓来，这段尘封沙埋的历史终于重见天日，也就是后来的梅萨维德国家公园。

据考古学家们考证，公元五六百年左右，有一批印第安人在这里定居，建起了规模壮阔的悬崖城，一住便是七八百年。从遗址留下的房舍可以看出，当时的建筑技艺已经相当精湛。那时印第安人已经知道用沙石做成长方形的砖块，再用水和泥调成糨糊，建造砖石屋子，甚至还出现了圆形的楼房。村落里还有一种圆形有顶的地洞，顶中央有个方形的洞口，架着一个楼梯，供人进出，这是他们用来拜神集会的地方。

要一睹梅萨维德的真容并不是件容易的事，四周陡峭险峻的悬崖，崎岖狭窄的山路，深不见底的峡谷，高达2000多米的海拔，都阻碍着人们前进的脚步。当你克服这一切执着地向古老的崖居进发时，心里也许会涌起朝圣的感觉。

边有座“杯子房”，内藏430个杯子、盒子、饭碗和缸瓮，可能是祭器贮藏室。在这些建筑前还设有一个露天坪，供炊事与家务之用。

☞ 云杉树屋(Spruce Tree House)：约建于12世纪，以云杉构成而得名。全长203米，宽84米，三层楼。全楼包括114间住房，8间祭祀室。这100多间屋子，有的呈长方形，有的呈圆形，还有的呈三角形，全依悬崖下的空间因地制宜。

梵蒂冈

Vatican

我爱圣彼得大教堂，它是地球最美的装饰品。 ——爱默生

我们中间的大部分人每天都重复地过着日子，工作一成不变，生活没有激情。也许会有这么一天，忽然之间一切都不一样了，变化的原因可能有千百种，但是其中必有一种是因为你到了梵蒂冈。

几乎没人能抗拒梵蒂冈的魅力。这个面积只有 0.44 平方公里，总人口不过 1000 多人、世界上最小的国家，却是全球 8 亿多天主教徒的信仰中心，除去本身的辉煌史迹，这里陈列了太多的艺术巨作，令人心驰神醉。

乍然进入这艺术的宝库，一瞬间，仿佛掉进了中古世纪的时空，任你泰山崩于前而不变色的人，也难免失神。米开朗基罗、拉斐尔、罗丹、康丁斯基、达利、蒙克……这一个个平时只能仰视的名字忽然成了眼前真实的存在，密密地在你身边织起了一道网，网住你的眼睛和你的心。罗丹说，艺术是心灵深入大自然，发现它蕴含灵性而感到的欢悦。而梵蒂冈的气质是艺术在历史的长河中经过无数次洗礼，无数次沉淀才成就的。每个人都可以把梵蒂冈当成一本书来读，一本超越政治、利益、金钱的人类文明艺术史的教科书。这里的每一件艺术品洗去了几百年人世浮沉的伤痕，洗去了俗世荣辱的尘嚣，在其中走上一遭宛如经历了一次纯美的朝圣之旅。

直面艺术本身，品味隐含其中的历史情绪时，无论是谁都会浮想联翩。登上圣彼得大教堂圆顶，罗马街景尽收眼底的刹那，有如在湖中投下了一枚石子，心中被遗忘很久的幸福和感动，悠悠如浪花般扩散开去。第一次，为身为万物之灵的人类而深感骄傲。

a knowledgeable tourist

☞ 国名：梵蒂冈城国。

☞ 首都：梵蒂冈城。

☞ 地理位置：位于意大利首都罗马西北角的梵蒂冈高地上，地处台伯河（The Tiber River）右岸。

☞ 面积：0.44平方公里，不到纽约中央公园的1/8，是世界上最小的国家。

☞ 人口：约1400人，常住人口仅500人。

☞ 气候：典型的地中海式气候，夏季炎热干燥；冬季温和多雨。

☞ 货币：梵蒂冈里拉、欧元。

☞ 元首：教皇。

☞ 宗教：世界天主教中心，特殊的政教合一的国家。

take my Tips 不可不看

☞ 圣彼得广场（St. Peter's Square）：被称为世界上最对称、最壮丽的广场，是17世纪著名建筑大师贝尔尼尼花了11年时间建成的杰作。广场呈椭圆形，长340米，宽240米，两侧由半圆形大理石柱廊环抱，284根圆柱和88根方柱，分排四列，形成三条走廊。朝向广场的每根石柱顶端的平台上，各有一尊3.2米高的大理石圣徒像。广场中央矗立着一座高26米的方尖石碑。碑尖上是钉死耶稣的十字架造型，建造石碑的石料是当年专程从埃及运来的。在广场两侧各有一个银花飞溅的美丽喷泉。

☞ 圣彼得大教堂（St. Peter's Basilica）：位于广场的西南面，曾经是全世界最大的教堂。整栋建筑呈现出十字架的结构，造型传统而神圣。教堂最早建于324年，在15世纪时开始改建，经过不少顶尖的建筑师和艺术家的参与修改，完成于1626年。圣彼得教堂不仅外形富丽堂皇，更是一个艺术宝库。

大教堂东西长187米，南北宽137米，能容纳5万人，屋顶和四壁都饰有以《圣经》为题材的

绘画，不少是名家作品。最著名的雕刻艺术杰作主要有三件。一是米开朗基罗24岁时的雕塑作品《圣殇》，二是贝尔尼尼雕制的青铜华盖，三是贝尔尼尼设计的圣彼得宝座。此外，教堂中央的穹隆拱顶是米开朗基罗设计的，双重结构，周长71米，为罗马全城的最高点，游客可以乘电梯登顶俯瞰罗马全城。教堂左侧有卫兵守卫，他们身穿的别致制服500年不变，手中的长戈也是15世纪的产品。

☞ 梵蒂冈博物馆（The Vatican Museum）：位于圣彼得教堂北面，占地约5.5万平方米，建于公元5世纪末，早期为教皇的一座宫庭，后来改成综合性博物馆，拥有12个陈列馆和5条艺术长廊，汇集了希腊、罗马的古代遗物以及文艺复兴时期的艺术精华，收藏有文艺复兴时期三大艺术大师之一的拉斐尔艺术珍品以及其他名家的原作，均属无价之宝。

☞ 西斯廷小教堂（Sistine Chapel）：梵蒂冈博物馆的一部分，因天花板和墙壁上保存有米开朗基罗花费4年时间绘制的著名壁画“创世纪”和“最后的审判”而久负盛名。

Acropolis
雅典卫城：独留残垣笑西风

历史与艺术最璀璨的源泉。 ——福楼拜

在人类历史上，希腊是一段飘动的神话，这里曾是整个世界思考的中心：西方哲学、民主政治、奥林匹克、《伊利亚特》、《荷马史诗》……每一个名词都牵动着人类的灵魂深处。雅典的卫城，希腊的眼睛，尘世间每一个旅行者精神与理想的栖息地。

穿过布拉卡区（Plaka）的大片希腊特色民房，就到了著名的阿克罗波利斯山。它背向山下的平民住宅，向海的一面峭壁陡立。深吸一口气，卫城就在面前，触手可及。拾阶而上的脚步自然变得小心翼翼，惟恐一不小心做了恶客，惊扰了沉睡千年的众神。

很难描述第一眼看到卫城的复杂心情，昔日的壮观华美，如今只余断壁残垣。巴台农神殿庙顶屋盖无存，内里空空如也，女神像流落异邦，地面到处坑坑洼洼，墙根躺着坍塌的墙石残柱。乱石嶙峋间惟有那几根大理石柱依然擎天而立，依稀可见当年的辉煌，却也尽是往日烟尘了。

奇怪的是，眼前的种种残损破旧却丝毫不带凄凉之意，反倒让人无端生出些

a knowledgeable tourist

☞ 地理位置：位于雅典西南部。

☞ 面积：约7英亩。

☞ 气候：受地中海气候影响，夏季少雨，阳光充足，空气清新。

许眷恋。坐在神殿的石柱下，日光从迤逦的云朵中照射下来，微风吹过廊柱，仿佛欢快的手指拨动着竖琴琴弦，悬崖下浩瀚的爱琴海一片澄蓝，波光粼粼，卫城笼着几分神秘安详之美，让人不由得闭上眼睛，与之开展一番心灵的对话。整个卫城最吸引人也最震撼人的正是这一份历经苦难战乱洗礼却留存下来的最平静的精神。那一根根屹立千年的石柱，摸之粗糙坚硬，叩之锵然有声，无言无语，却自有灵魂在内里跳舞。

这一种看淡世事的风骨也熏染着卫城的子民们。每天伴着世界上最丰厚的遗产而居，雅典人却不露半点骄横之态，活得淡定闲适、从容不迫。大街小巷到处可以听到悠扬的琴声和深情的吟唱，海边悠然伸着一排排钓鱼竿，没有收获固然毫不在意，有鱼儿上钩也只是淡淡一笑，活脱脱应了那句话：不以物喜，不以己悲。

和所有现代的城市一样，雅典也面临着传统与发展之间的碰撞，雅典人的选择是果断明了的，他们绝不会容忍现代化的脚步掩住古文明的风采。为了把 200 棵橄榄树原封不动地保留下来，雅典人可以改变城市建设的计划。你不得不佩服，这就是苏格拉底、柏拉图的后代，任外面的世界天翻地覆，他们自有理想国，踏海放歌，悠然在爱琴海的水天相接中经营着自由的心灵、睿智的精神和丰富的文化。

夜深时，喧闹的城市安静下来，雅典已然入睡。遥望卫城，一根根白色大理石的廊柱在灯光的照射下反射出火焰般明亮的光芒，在漫天繁星的衬托下显得格外典雅圣洁，有如一位女神手擎火炬默默地守护着她的子民，无论过去、现在或将来。

take my Tips 不可不看

INFORMATION

☞ 巴台农神庙（The Parthenon）：

巴台农神庙位于古城堡中心，在希腊语里意为“处女神庙”，是为了供奉雅典城邦的保护神雅典娜而建。神庙主体建筑是长方形的白色大理石殿宇，全长69.5米、宽30.8米，分为前殿、中殿、后殿。四周为柱廊，用46根高30米、直径2米的大理石柱支撑。石柱采用朴实而浑厚的多利克柱式，下粗、上细、中间略微向外凸起，呈现出庄严雄伟的气势。庙墙上端石柱之间用92块大理石浮雕板连接，每块都是一幅神话传说中的战争场景。庙顶东西两侧的人字墙上饰有描述雅典娜的诞生以及她同波塞冬争夺雅典城的浮雕。在神庙的内殿中，原来供奉着一尊高达12米的雅典娜雕像，头戴金盔，身着黄金战袍，手持盾牌长矛，脸、臂、脚均为象牙雕成，是古希腊最著名的雕刻家菲迪亚斯的得意之作，可惜在公元146年被罗马帝国的皇帝强行劫走了。在漫长的历史岁月里，巴台农神庙几经天灾人祸，历尽人间沧桑。公元1687年，威尼斯军队炮击古城堡，神庙顶端和殿墙被炸塌。19世纪初，庙内大量雕像被英国人艾尔金盗运到英国，现在仅存有神庙大部分石柱和部分其他殿堂和城堡的雄伟山门。

巴台农神庙是希腊人追求理性美的极致表现，例如柱身看起来等宽，实际上是中间略粗，以此矫正人类视觉的错觉；又如柱子看起来都是垂直，其实不然，越外围的柱子越向中间倾斜等等。整个神庙处处都体现了黄金分割的原理，称得上是多利克式建筑中的最高杰作。

☞ 依瑞克提翁神殿（The Erechtheion）：

依瑞克提翁神殿建于悬崖边缘，位于巴台农神殿左边，建于公元407年，前面的一座仅一层，后面的两层依悬崖低下去的地势而建。和神庙合为一体的是少女门廊(Caryatides)，由六尊少女像代替石柱围绕而成，设计很有特色，由于少女的头部须支撑沉重的殿顶，故颈部不能太细，设计者于是从少女颈部垂下一缕秀发，增大了受力面而不失其美，又用花篮放在头顶，作为柱托。现在六尊少女像中有一些已移至博物馆，而用模拟少女像代替。

☞ 雅典娜·尼基神庙（Temple of Athena Nike）：

雅典娜·尼基神庙又名无翼胜利女神庙，建于公元前421年，前后有4根爱奥尼亚式列柱，内有一尊没有翅膀的雅典娜神像。据说在争战中力求胜利的雅典人，故意把胜利女神的翅膀切下，以求胜利长留。

☞ 山门（Propylaia）：

山门是卫城真正的入口，多利克式和爱奥尼亚式列柱巧妙地穿插并列，气势雄伟。

☞ 卫城博物馆（The Acropolis Museum）：

馆内收藏了卫城周围发掘出的文物，每件都很珍贵。代表作有“扛小牛的男人”、“脱拖鞋的雅典娜”和四根安置于氮气箱内的依瑞克提翁神殿少女列柱。

佩特拉

P e t r a

令我震惊的惟有东方大地，
玫瑰红墙见证了整个历史。
——约翰·威廉·贝根

☞ 地理位置：约旦西南，首都安曼南约260公里处，靠近摩西河谷。

☞ 气候：沙漠气候。

☞ 面积：400平方英里。

☞ 人口：最高峰时达到3万人。

从约旦首都安曼往南，3个多小时的行程，两边尽是茫茫大漠。当视线正因为厌倦了枯燥的沙地和沙丘而昏昏欲睡时，前方忽然冒出一片黝黑冷峻的山脉，形状像一团团冲天沸腾的泉水，山顶还有云彩缭绕，这时的惊喜恐怕是很难言传的。而佩特拉，传说中的阿里巴巴进入的宝库，就躲在这群山之中。

进入佩特拉古城的惟一通道是西克峡谷，只见山口裂出一道缝，深不见底。骑马进入，两边的峭壁齐齐让开七八米左右，形成一条弯曲狭窄的通道。天空只成一线，和着脚下的道，蜿蜒隐没在远远的石缝中。两边的峭壁，仿佛刀削斧砍，却是玫瑰红。常年的流水将岩石内里的美都刻画了出来，喜气的玫瑰色中间或掺着一些赭色的纹、白色的波，都是岩石天然肌理形成的斑纹。

脚下的路窄了又宽，宽了又窄，弯了又折，折了又弯。伴着马蹄声的回音，在马背上晃着，1000多米的旅程倒也自在。通道的尽头像一个巨大的钥匙孔，好奇地透过钥匙孔向外张望，呼吸在1秒钟内停滞。

一座希腊式的宫殿从面前陡峭的山岩间凸现出来，精巧华美而且无比巨大。玫瑰色的石质使它仿佛带了魂灵与血色，退去了拒人千里的冰冷，却也美得失去了真实。太阳渐渐升起，阳光照射下来，整座宫殿到处迸发出一片耀眼的红色，让人觉得仿佛置身在硕大的玫瑰园中，粉色、橘色、深红色，衬着黄、白、紫三色条纹，瑰丽得辨不清方向。宫殿的名字叫艾尔·卡兹尼（Al Khazneh），意思是“法老的宝库”，倒也不辱没了它。试想，除了古代的法老，谁能奢侈到在山壁上开凿一整座宫殿，谁又能气派到用一色玫瑰红的原石去做建筑材料。

过了卡兹尼，豁然开朗处俨然是座石头城：悬崖绝壁环抱，形成天然城墙；崖壁上的断口，形成天然的进出通道。四周山壁上雕凿着更多的建筑物。有些简陋，几乎只能算洞穴；有些大而精致，有台阶、塑像、堂皇的入口和多层柱式前廊。令人呼吸困难的是，所有这一切都是玫瑰色的。

一直觉得一个地方如果没有水，没有树，就缺了灵气。这种想法在这一刻，被证明是种偏见。这个山谷中除了石头，便是人和魂灵。没有树，没有河，只有灿如云霞的山岩，硬朗沉默，却不知蕴藏了多少秘密，经历了几度辉煌。佩特拉不需要别的颜色，也不需要别的点缀，石头在这里，本身就是奇迹。

佩特拉的石头是巨大完整的岩壁，没有人能够带走。但是当地人把它研成细粉，把不同颜色的石粉分门别类。取一只玻璃瓶，注满石粉，多彩的粉末便勾画出各种的图案。这样一来，佩特拉居然带上了几分灵巧，几分细腻，也就让人有了带回家的欲望。

a knowledgeable tourist

☞ 历史：纳巴泰人是阿拉伯游牧民族，约在公元前6世纪从阿拉伯半岛北移进入今天约旦和南叙利亚境内，凿岩为城，建立了首都佩特拉。那时，佩特拉越阿拉伯谷地向西直通地中海港口，是阿拉伯商队东西贸易的隘口，城市日渐繁荣，国力大增，成为中东一个强悍的国家。由于佩特拉易守难攻，惟一的入口是狭窄的山峡，可说是一夫当关，万夫莫开，希腊人、罗马人几次进犯，都无功而返。公元106年，罗马军队实施“断水计”，断了城内军民水源，占领了佩特拉，使之成为罗马帝国最繁荣的一个省，称做阿拉伯人佩特拉区。佩特拉在罗马人手里继续扩建，一直是东西商路的重要中心，随着南北商路逐渐被打通，货物直接从南边的红海出入，佩特拉逐步失去了原有的重要地位。最后，人去城空，渐渐被人遗忘。直到1812年，瑞士探险家布尔克哈特才重新发现了它，佩特拉在销声匿迹了几百年后，终于重见天日。

take my Tips 不可不看

☞ 西克峡谷（Siq）：

要进入古城佩特拉，西克峡谷是必经之地。峡谷长1500米，最宽处不过7米，最窄处仅能通过一辆马车。两边的石壁高70~100米，抬头仅能望见一线青天。

☞ 艾尔·卡兹尼宫殿（Al Khazneh）：

卡兹尼又被称为“法老的宝库”，传说这里是历代佩特拉国王收藏财宝的地方。整座建筑完全由坚固的岩石雕凿成形，高50米，宽30米，分上下两层，总高50米，宽30米，带有罗马的建筑风格。底层由6根直径2米的大圆柱撑着前殿，构成堂皇的柱廊。二层是三组高大的亭柱雕刻，中间一组为圆形，共有9尊罗马式神像浮雕，虽然残缺，仍不失本来神韵。正殿后壁龛肃立着圣母像，栩栩如生。左右殿壁的壁画，色彩黯淡，但粗放的线条依稀可辨。卡兹尼最引人注目的是其色彩。由于整座建筑雕凿在沙石壁里，阳光照耀下闪烁着粉色、红色、橘色以及深红色，层次生动分明，衬着黄、白、紫三色条纹，无比神奇。

☞ 露天大剧场：

古城中有一座依山雕凿出的罗马式露天大剧场，可容纳6000人。看台呈扇形，沿山而上排成阶梯。舞台用巨石铺砌，声音可以清楚传到最后一排席位。现在舞台上还残存有4根巨大的石柱。

☞ 其他：

电影制片人史蒂芬·斯皮尔伯格和乔治·路卡斯合作，在佩特拉实地拍摄了影片《印第安纳·琼斯和最后的十字军》。

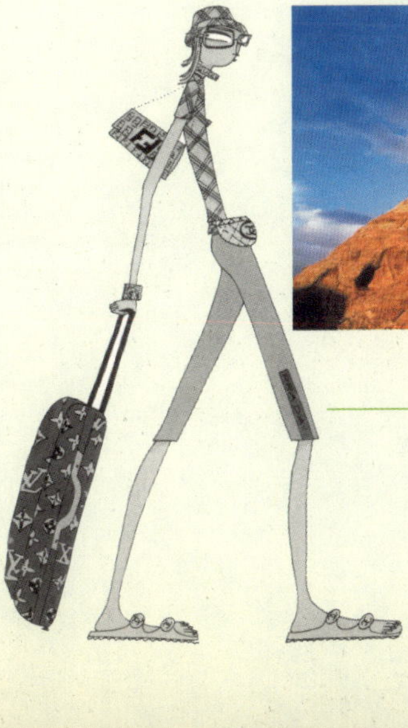

历史的神秘在这里给人以致命的一击！

——F.费德尔

马丘比丘

失落在云雾中的神话

Machu Picchu

数百年前，印加帝国屈辱地沦为西班牙的殖民地，生活在这片古老土地上的居民也因为对西班牙人带来的传染病没有抵抗能力，人口在短时期内锐减90%。在这样一个没有文字，仅靠口传来记载历史的民族，人的消亡便意味着历史的终结，好在精于石器建筑艺术的印加人留下了虽不能开口，但却能够永恒的马丘比丘古城遗迹，即便这世上再没有印加人，印加文明在地球上的痕迹也将无法磨灭。

也许是对侵入者的一种惩罚，马丘比丘以沉默来面对世界。人们经历了发现马丘比丘的兴奋之后，想要找到了解这神秘古城的钥匙，却陷入一片迷惘。

马丘比丘坐落在老年峰和青年峰中间陡峭狭窄的山脊上，四周被崇山峻岭重重包裹。在这没有人烟的地方，印加人却建起了他们的城市。从远处看起来，马丘比丘似乎随时都可能从狭窄的山脊上滑下万丈深渊。古代印加人怎么能在绝顶上建造城市着实令人费解。这与世隔绝的所在几百年都没有被西班牙殖民者发现，因此也免遭劫掠。当初美国人宾汉姆(Bingham)偶然发现马丘比丘的时候，它已经被几个世纪以来的树林灌木、苔藓藤蔓遮盖，只能隐约看到些断壁残垣。今天，杂草藤蔓虽然被清除了，但是想要瞻仰古城，仍然得耐心等待笼罩古城的山中云雾散尽。这也就是为什么马丘比丘被叫做“云雾中的城市”的原因。等待是漫长的，可是也正因为这样，当那层神秘的白色面纱最终消失，马丘比丘更像是上天额外赏赐给人类的礼物。

通过对这里发现的木乃伊做年代测定，人们

a knowledgeable tourist

☞ 地理概况：位于秘鲁南部的库斯科城外约122公里处，海拔高度2500米。

☞ 气候：6~9为旱季，也是旅游的最佳季节，1~5月是雨季。

☞ 城内主要看点：太阳庙，印加之家，大庙、拴日石（Intihuatana）、三重门、谷仓、大磨盘、神鹰庙、中央广场。

☞ 古城简介：马丘比丘城占地约5平方公里（长1000米，宽550米），分为梯田和城区两大部分。城区又以中央广场为界，分为上城和下城，上城地势略高于下城。

☞ 历史概况：马丘比丘是被印加帝国于16世纪遗弃的古城，1911年被美国地理和历史学家、耶鲁大学教授海拉姆·宾汉姆（Hiram Bingham）偶然发现，后来考古学家又发现了通向古城的印加古道，全长45公里。“印加”这个名词，既可以指印加帝国，也可以指印加民族。印加帝国开始于1438年印加王帕查库提（Pachacuti）——意思是“地球震撼者”——即位之时。这位勇猛的印加首领将散落杂居的印加人聚拢起来，建立了一个统一的帝国，后来帝国势力逐渐遍布安第斯高原，包括今天的厄瓜多尔和智利，成为南美的大帝国。印加文明的起源则要追溯到公元1200年，起源地点便是今天被称为“南美考古之城”的库斯科（Cuzco）。1532年，西班牙人皮扎诺(Pizarro)带领一支区区数百人的队伍，利用和当时的印加国王谈判的机会，生擒并处决了印加国王。之后开始了西班牙人在印加古国的殖民统治和疯狂劫掠，加上当地人对西班牙人带来的欧洲疾病没有抵抗能力，人口在几百年内锐减90%，古老的印加文明被逼到濒于灭绝的境地。

发现马丘比丘大致在15世纪中后期由印加王帕查库提（Pachacuti）所建。城中宫殿、神庙、祭坛、广场、街道、水道、监狱、仓库等一应俱全。因为被人遗忘在高山之巅数百年，所以一切都还保留着当初的模样。以15世纪印加人的生产力和技术，他们如何将巨大的石块运上绝顶山梁已经让人惊讶，他们又如何把这些巨大的石块垒成城堡就更让人无法想像，更何况石块之间结合严丝合缝，有时连一根针都插不进去。如此精密的建筑，细致的规划，却没有任何可以查证的历史记录，也确实匪夷所思。

现代的考古学者推断，马丘比丘并不是普通的城市，而是一个举行各种宗教祭祀典礼的活动中心。平时有一些人居住在这里照料寺庙和祭坛，大部分人要到宗教节日才到这里来。考古学家在城中发现的头骨中，绝大多数是女人的头骨。他们推断这些都是为了敬献给太阳神的“太阳神的处女”。城中最著名的是“拴日石”（Intihuatana），它是一块精心雕刻过的怪异巨石，据说是印加人每年冬至的太阳节时为祈祷太阳重新回来，会象征性地把太阳拴在巨石上。印加人崇拜太阳，太阳神（Apu Inti）是他们最重要的神灵。印加王都自称为“太阳之子”。但是这些太阳的子民为什么竟遗弃了他们的拴日石？这也不得而知。

因残破而展示了生命的力量，

因蜿蜒而影射着古老国度。

——泰戈尔

长城 *The Great Wall*

据第一个登上月球的美国宇航员阿姆斯特朗报道，在太空和月球上，只能认出地球上两大工程，其中之一便是中国的长城。长城被誉为世界七大奇迹之一，并且被列入世界文化遗产名录。它就像埃及的金字塔、柬埔寨的吴哥窟、印度的泰姬陵一样，成为国家民族的象征。不过与这些古老遗迹不同的是，长城并不是在某一个朝代，由某一个君主建造的，它的故事绵延万里，横亘数千年。从公元前7世纪的春秋时期，到17世纪明朝末期，几千年里中华大地经历了多少沧海桑田的变化，而修筑长城竟是不变的决心和行动。在中国人心中，长城更是一种文化和历史的概念。

追溯到春秋战国时期，各国修筑长城的目的主要是为了互相防范以及防御北方游牧民族。而从秦始皇开始，长城就始终是防备北方游牧民族的工事。统治者尝试过以和亲来稳定北部边疆，不过更多的时候，他们还是选择修筑或者加固长城。绵延万里的长城既然是宏伟的防御体系，我们登上长城便总是企盼得到某种英雄气概上的满足。但是登上长城的那一瞬间体会到的却是一种失落：我们伟大的长城就只是这样一段城墙吗？单看长城的一段，觉得它实在过于单薄。仅凭这段城墙，如何能抵御外族的侵略？

事实上长城也确实没有抵挡住最具威胁的敌人的进攻。明朝花了大量人力物力，把秦始皇的万里长城重新翻修了一遍，并且建立了完善的防守制度，将长城全线分为“九边十一镇”，镇下又设“路”和“关”，各个敌台和烽火台层层相属，一旦有敌情可以随时通报。但是具有讽刺意义的是，公元1499年，瓦剌首领率兵突破了长城防守，不仅如此，他们还生擒了御驾亲征的明英宗。长城也丝毫没有妨碍来自北方的蒙古族人和满族人入主中原，建立起他们的封建王朝。不管气势如何磅礴，长城毕竟只是一堵城墙，还不足以让一个王朝安全地躲在它背后度日。有趣的是中国历史上最兴盛的唐朝，竟是少数没有修建过长城的王朝之一。它以自己的繁盛和实力，辐射着周边小国，以交流代替交战，长城也便失去了它存在的意义。如此看来，万里长城的修筑，一方面当然是中国人智慧与力量的展示，是各个朝代军事防御的历史；另一方面，似乎也是一种失败的证明。顾炎武论及明末发生在居庸关的战事时感叹道：“地非不险，城非不高，兵非不多，粮非不足也，国法不行而人心去也。”一旦王朝接近没落，长城也并不能真正抵挡什么。

登上长城，看着莽莽群山，才会明白为什么古人都爱登高怀古。有了俯瞰的角度，才会有思考的余地。更何况脚下踩着千年的古城砖，还有城墙脚下埋葬的无数苦力的冤魂或是战死在这里的将士的幽魂在作祟，难免会觉得自己的年岁陡然增加了许多，平添几分对历史的回顾。

The Great Wall

a knowledgeable tourist

历史概况：早在诸侯争霸的春秋时期，北方各国就开始修建烽火台用于军事防御，并且修建城墙将这些烽火台连接起来，这就是长城最早的雏形。秦始皇统一中国后，调集全国无数壮丁，在原先秦、赵、燕长城的基础上，修建万里长城。它西起临洮，东至辽东，绵延万余里。以后数千年，中原大地朝代更替，但几乎每朝每代都在维护和扩建长城，以防御北方少数民族的侵袭，只有唐、宋、元、清等少数几个朝代没有修长城。明朝统治者在秦长城的基础上对长城进行了18次大规模修复，将长城几乎重新修建了一遍，今天人们看到的长城大多修建于明朝。

take my Tips 不可不看

INFORMATION

☞ 地理概况：长城横贯中国华北和西北地区。由于历史上每一个诸侯国和王朝的疆域都不同，因而修筑的长城也都不在一条线上，所以长城的起止和长度也都不一样。据大致推测，长城总长度为7000多公里，接近15000里，因此它通常被叫做“万里长城”。城墙最高处将近10米。

☞ 保存较好的几段长城：八达岭长城，慕田峪长城，司马台长城，山海关，嘉峪关，虎山长城，九门口长城等。

☞ 八达岭长城：位于北京昌平的八达岭长城是明长城中保存最完好，最具代表性的一段。这里是重要关口居庸关的前哨，海拔高度1015米，地势险要，历来是兵家必争之地。登上这里的长城，可以居高临下，尽览崇山峻岭的壮丽景色。迄今为止，已有包括尼克松、撒切尔夫人在内的300多位外国政要到此游览。

☞ 慕田峪长城：位于北京怀柔县内，自古以来是兵家必争之地，共有敌台22座。这里自然风景优美，绿树成荫，四季景色怡人。

☞ 司马台长城：位于北京密云县内，由戚继光督建，是我国惟一一处保留明代原貌的长城，被联合国教科文组织确定为“原始长城”。共有敌台20座，至今保存完好。

☞ 山海关：位于秦皇岛的山海关是长城东端起点，建于明洪武年间（公元1381年），有“天下第一关”的美称。城高14米，厚7米，防御体系相当完整。登上城楼，可以看到碧波万顷的大海和蜿蜒的长城，景观雄伟。

☞ 嘉峪关：明代长城最西端的起点，建于明洪武五年（公元1372年），是目前保存最完整的一座城关，河西第一隘口，有天下第一雄关的美名，也是丝绸之路上的重要一站。城关则是由内城、外城和城壕组成的完整军事防御体系。现在看到的城关以内城为主，由黄土夯筑而成，外面包以城砖，坚固雄伟。城关两端的城墙横穿戈壁，在这里可以体会到大漠孤城的苍凉。

吴哥 *Angkor*

时间在这里停滞，空间里弥漫着神圣的苍凉。

——E.曼尼卡

奇迹多半源于不经意的发现。1860年，法国人亨利·英哈特（Henri Mouhot）在柬埔寨搜集动植物标本。一天，亨利在向导的带领下去看当地人说的一处古建筑遗址。他在阴森的密林里走了很久，一路上到处看到长满了苔藓和青藤的小山丘。突然在他面前出现了一道长长的石阶，石阶通向几座尖顶高塔，这些破败的塔身上雕刻着美丽的图案。亨利突然意识到，来时看到的那些被苔藓和青藤覆盖的小山丘原来竟是一群建筑物和石像，只不过它们已经完全被茂密的丛林覆盖了，有的被树根侵蚀分成了许多小块。亨利被眼前的景象惊呆了。他觉得“犹如在荒凉沙漠中突然见到一片绿洲”。这片“绿洲”就是吴哥（Angkor），一个在热带丛林里沉睡了400年的城市。

Angkor

真像是命运的捉弄，亨利最引以为自豪的珍稀蝴蝶标本在运回欧洲的途中遇上了风暴，沉入大海；他记录发现吴哥遗址的笔记却引得全世界开始关注这个失落的古城。重新被发现的吴哥遗址经过清理修复，成为柬埔寨最大的骄傲。这个古城仿佛从密林深处走来，将人们带回到数百年前高棉与泰国兵刃相加的惨烈年代。

吴哥窟（也叫小吴哥）是整个遗址中保存最完好的寺庙建筑。今天柬埔寨人将它放在自己的国旗上，足见吴哥窟在柬埔寨人心目中的神圣地位。吴哥窟最初是为敬奉印度教神灵所建，但是今天已演变为佛教寺庙。在方形广场的四个角上，各有一座石塔，而广场中央矗立着一座更高的石塔，象征神话中的圣山。无论印度教还是佛教信徒都相信，中间这个神圣的所在就是宇宙的中心。吴哥窟建在三层台阶的地基上，每层台基四周都有石雕回廊，浮雕大多取材于印度著名史诗《摩珂婆罗多》与《罗摩衍那》的神话故事。寺庙中央大道两旁是七头蛇形栏杆，柬埔寨传说中，七头蛇会带来风调雨顺。寺庙周围是护城河和水池，不是为了保护寺庙，而是为了通过水中的倒影，使寺庙显得更加神圣雄伟。吴哥窟是人的杰作，但每个设计都是为了体现神性。置身于吴哥窟的佛像间，已经分不清自己究竟是站在神的领地还是人的空间。神性和空间交会在这个密林中的古城。

现在提到吴哥窟，人们自然会想起《花样年华》的最后一幕：一个男人将无法对人倾诉、甚至自己都

无法面对的一段情感秘密讲给吴哥窟的一个石洞听，再把它盖上，让发生在花样年华的故事从此留在吴哥，这里的一切，包括他的秘密，都会被自然带走，成为永恒的回忆。

曾有联合国官员说：“我担心吴哥再次被大自然收回，回归丛林。”这样的担心不是没有道理。生长旺盛的热带雨林正用自己的盘根错节把吴哥的一切慢慢割裂，撕碎。有的寺庙入口几乎完全被硕大的树根遮盖。吴哥似乎又在渐渐离我们而去，退隐回茂密丛林。消失数百年后再度重现的吴哥更像一份自然的礼物。自然是它的主宰，由它决定什么时候再次收回这个奇迹。著名建筑家 Louis Kahn 曾说过，贝多芬写出第五交响曲之前，没有人觉得需要它，可是一旦杰作问世，人们就再也无法想像，没有它世界会怎样。我们能想像没有吴哥的世界吗？可是我们的敌人是时间与自然，我们又能做什么呢？其实即使吴哥再度被自然收回，对它来说也不失为一种安宁的结局，对这个介于人间和自然之间的古城来说，也是一种永恒的方式吧。而凡人如你我，只有在这个轮回中接触吴哥，触摸永恒。

a knowledgeable tourist

☞ 历史：吴哥是高棉人（柬埔寨人口最多的民族）的精神中心和宗教中心，是9~15世纪东南亚高棉王国的都城。“吴哥”（Angkor）一词源于梵语“Nagara”，意为都市。吴哥王朝（公元802~1431年）先后有25位国王，统治着中南半岛南端及越南和孟加拉湾之间的大片土地，势力范围远远超出了今天柬埔寨的疆界，吴哥所在地暹粒中的“暹”是泰国的简称，“暹粒”是战胜泰国的意思。历代国王大兴土木，留下了吴哥城（Angkor Thom）、吴哥窟（Angkor Wat）和女王宫等印度教与佛教建筑风格的寺塔。1431年，泰族军队攻占并洗劫了吴哥，繁华的吴哥从此湮没于方圆45平方公里的榛莽之中，成为一片杂木丛生的废墟，逐渐被人们遗忘。19世纪后期，吴哥被重新发现。

☞ 中国人对吴哥的最早记载：1116年柬中外交关系恢复，1128年中国正式承认柬为臣藩。元朝的周达观，1296年来到吴哥住了一年，写下了珍贵的第一手文献《真腊风土记》，全书8500字，较早较完整地记录了当时吴哥的情况。后被译为法文、英文、柬文和日文，并多次再版，更被不少正规严谨的介绍吴哥的书所反复引用。

☞ 另一个保存较好的吴哥遗址是吴哥城（又叫大吴哥）：这是高棉帝国宫殿城。是吴哥的“心脏”。在吴哥城的中心，阇那跋摩七世建造了贝雍寺（Bayon）。贝雍有54座大小宝塔，每座塔的顶部都雕有象征国王的巨大的四面佛，他们从塔尖微笑着俯瞰四周，象征着王权至上和佛教神圣。这是最具有高棉特色的石雕造型。不管你站在哪个位置，都能看到高高在上的佛像，感受到他们潜在的威慑力，令人不由得肃然起敬。

☞ 方位及面积：吴哥古迹位于柬埔寨西北，暹粒（Siem Reap）村北6公里处，距柬埔寨首都金边（Phnom Penh）300公里，分布在近200平方公里的莽莽丛林中。

☞ 人口：高棉帝国鼎盛时期，吴哥曾有20万居住人口，现在约有84000僧人和村民住在这里。

金字塔

Giza Pyramids

人类畏惧时间，而时间则畏惧金字塔。

——埃及古谚

2500 年前，古希腊人列出了当时世界七大奇观，如今，七大奇观中只有为首的金字塔经受住了岁月千年的考验留存下来。难怪埃及有句谚语说："人类畏惧时间，而时间则畏惧金字塔。"

古埃及人有建造金字塔作为国王和王后陵墓的习俗，因此埃及的金字塔很多，素有金字塔之国的美称。其中最宏伟的当然是位于吉萨的胡夫金字塔（又叫大金字塔），它已成为埃及国家和文明的象征。大金字塔总共由大约 230 万块石灰石和花岗岩垒叠而成，中间不用任何粘合材料。而石块与石块之间吻合得天衣无缝，尽管历经 4000

a knowledgeable tourist

☞ 地理概况：埃及现存金字塔107座，主要位于埃及首都开罗附近的吉萨（Giza）高原。这一地区有三座较大的金字塔，分别是胡夫金字塔（也叫大金字塔）、卡夫拉金字塔、和孟卡拉金字塔，其中又以胡夫金字塔最为著名，它是吉萨金字塔群中规模最大，保存最完好，也是建筑成就最高的一座。

☞ 历史概况：埃及金字塔是古埃及人埋葬国王和王后的陵墓，古埃及人建造金字塔的历史从第三王朝延续到第十三王朝（公元前2686~公元前2181），距今已有4600多年。鼎盛时期出现于法老胡夫以及其后的两代君主卡夫拉和孟卡拉统治时期，他们都选择了吉萨地区沙漠与绿洲的交界处建造他们的金字塔和其他附属建筑。公元前5世纪，古希腊著名历史学家希罗多德游历埃及时记下了最早关于金字塔的文字，近代关于金字塔的研究开始于拿破仑入侵埃及之后进行的资料调查。

☞ 名称来由：金字塔在阿拉伯文里是“方锥体”的意思，因为形状颇似汉字“金”，因此被形象地称为金字塔。

多年的风吹雨打，石缝之间都插不进哪怕一把锋利的小刀。每一方石块平均有2.5吨，最重的达到100多吨。以古埃及人当时的劳动力，它们是如何把巨大的石块开采出来,并且运到这里来?又如何把它们垒砌起来?何以抗拒时间的侵蚀直至今日？而且金字塔的底部四边几乎对着正南、正北、正东、正西，误差小于一度。古埃及人是怎么计算得这样精确的呢?

多少年来，大金字塔一直是人们探索而又无法确证的一个谜。因为不知道如何解释这些现象，现代人用尽了自己的想像力和推断能力。有人说金字塔是外星人所建，是他们到地球上来的一个降落点，还有人说胡夫金字塔是由失踪的亚特兰蒂斯岛先民所建。

为了揭开金字塔之谜，人们进入大金字塔探秘的尝试从未停止。与中国的秦始皇陵设置机关对付盗墓人不同，埃及法老凭借咒语来保护自己。胡夫金字塔上刻有一段让人不寒而栗的文字：“不论谁打扰了法老的安宁，死神之翼将降临在他头上。”而且美国《医学月刊》也确切刊登过报告，证实100名曾经进入过大金字塔的人之中，未来10年内死于癌症的几率高达40%，但是，这并没有阻挡人们探寻金字塔深处的奥秘的脚步。最近一次也是最受关注的一次行动便是2002年全球142个国家同时直播的考古发掘过程，还动用了微型机器人。然而，具有讽刺意义的是，人们并没有发现期待中的宝藏，墓室，或是木乃伊。石门的背后又是一道石门。未解的谜仍然困扰着好奇的现代人。只要金字塔仍然屹立，人们大约还会继续追寻下去。

虽然无法确证雄伟的金字塔是如何造就的，但是金字塔的存在却可以很好地解释古埃及人的生死观。古埃及人认为现世是暂时的，来世才是永恒的，而死亡就是开往永生的大门。但是前提是要妥善保管好人们的尸体。

同样成为埃及象征的狮身人面像，是吉萨另一个吸引游人的地方。古埃及人崇拜狮子，他们认为狮子是力量的化身。狮身加上法老的头像，则是智慧加力量的象征，同时这种奇特的形象也符合古埃及人认为法老既是神又是人的观点。

大金字塔的秘密仍然没有破解，而吸引人的又岂止金字塔或是狮身人面像？整个埃及的文明，沙漠中的一切都让人神往不已。不管金字塔的谜有没有被揭开，人们都会向往去尼罗河西岸亲自体验金字塔撒向大地的光芒，毕竟这也是4000年前撒向大地的光芒啊。

INFORMATION

take my Tips 不可不看

☞ 最著名的三座金字塔及其附属建筑物：

☞ 胡夫金字塔：埃及规模最大的金字塔，通常被称为“大金字塔”，是法老胡夫（Khufu）（公元前2543~公元前2520年在位）的继承人为他建造的王陵。大金字塔大约建造于公元前2570年，动用了10万劳工和奴隶，历时20年才完成。大金字塔原始高度为146.6米，几千年的风化后，现在高度为138米，在1889年巴黎320米的艾菲尔铁塔落成之前，它一直是世界上最高的建筑物。大金字塔四周整齐排列着许多贵族的平顶石墓，众星捧月般衬托出大金字塔的雄壮与威严。

☞ 卡夫拉金字塔和狮身人面像：卡夫拉金字塔是继胡夫金字塔后第二座在吉萨建造的金字塔，其规模完全可以和胡夫金字塔媲美，只是内部构造较为简单。著名的狮身人面像守护在卡夫拉金字塔前。这是一尊具有狮身和卡夫拉王头像的巨型石像。古埃及有许多狮身人面像，象征法老既是神又是人，以吉萨的这座最大，石像长73米，高21米。石像原本有鼻子，耳朵和胡须。可惜在土耳其人攻打埃及时被当做了炮靶子，被打掉的狮身人面像的耳朵和胡须现被大英博物馆收藏。

☞ 孟卡拉金字塔：孟卡拉金字塔是卡夫拉的继承者的金字塔，不过规模和建筑艺术远远低于前面两座金字塔。

是互联网使地球变成了村庄。

——比尔·盖茨

网络空间

Cyberspace

在人类的发展历史上，网络空间也许是惟一一个看不见摸不着却真实存在的世界。每一个漫游其中的人都会觉得这个世界既熟悉又陌生，它就像镜子一样，清清楚楚地照出了现实生活中的一切，镜面有时候干净光滑到一尘不染，有时候又扭曲错落成了哈哈镜。你不知道它在哪儿，也不知道它有多大，虽然你每天在里面逗留的时间超过 8 小时。

网络是很容易让人着迷的。它是一道门，一道通向全世界所有角落的门，想漫游天下一览各地美景，鼠标就是阿里巴巴的咒语；它是一根线，一根山水隔不断、风雨吹不走的线，一头是你，一头是爱人、亲人、朋友，在这根线上，有一种天涯叫咫尺；它是一本书，一本包罗万象的百科全书，就在键盘轻叩间，满足你所有的求知欲和好奇心；它是一座桥，一座超越了国家、种族、年龄、性别、社会地位等一切附加因素的桥。在网

Cyberspace

上，每个人都归零成为平等的人，吸引、排斥、喜爱、厌恶都因心而发，随心而动；它是一场戏，一场每个人自编自导自演的戏，平时木讷寡言的可以妙语连珠，谨小慎微的可以飞扬跋扈，台上演着是自己抑或另一个自己？

没人能够给网络下个精准的定义，但这丝毫不妨碍网络以一种不可抵挡的气势缠绕到每个人的生活中去。对于喜欢到处溜达的人来说，它的好处至少有一点可以肯定，在网上漫游，成本很低，却可以看到别样的风景。

INFORMATION

☞ **诞生**：现代互联网技术约建于1982年底。

☞ **范围**：遍布全世界。

☞ **所需装备**：一台能上网的电脑。

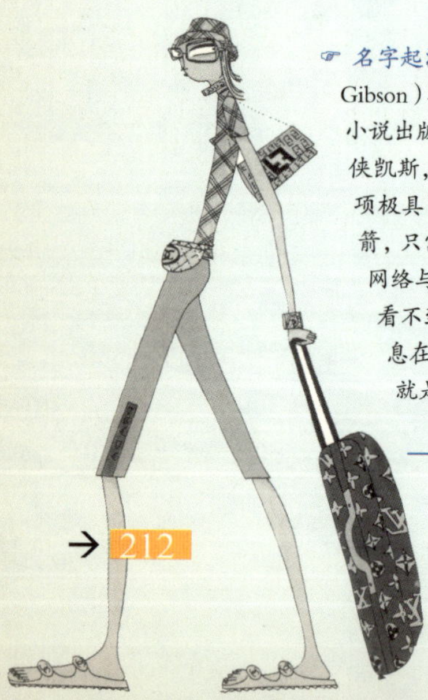

☞ **名字起源**：1984年，移居加拿大的美国科幻作家威廉·吉布森（William Gibson）写下了一个长篇的离奇故事，书名叫《神经漫游者》（Neuromancer）。小说出版后，好评如潮，并且获得多项大奖。故事描写了反叛者兼网络独行侠凯斯，受雇于某跨国公司，被派往全球电脑网络构成的空间里，去执行一项极具冒险性的任务。进入这个巨大的空间，凯斯并不需要乘坐飞船或火箭，只需在大脑神经中植入插座，然后接通电极，电脑网络便被他感知。当网络与人的思想意识合为一体后，即可遨游其中。在这个广袤的空间里，看不到高山荒野，也看不到城镇乡村，只有庞大的三维信息库和各种信息在高速流动。吉布森把这个空间取名为“赛伯空间”（Cyberspace），也就是现在所说的网络空间。

（附录）

人类始终对头顶上的苍穹抱有无尽的渴望。 ——第谷

1961年4月12日，莫斯科时间9点7分，前苏联宇航员加加林乘坐的“东方1号”航天飞船徐徐升空。通过通讯系统，可以听到加加林激动地向地面的人们道别：“我去了！”那一刻，震撼人心。人类进入太空，探索太空的梦想终于实现了。而加加林也从此作为第一位进入太空的人永载史册。

此后，凭借日益发展的航天技术，越来越多的人实现了自己的太空梦想，但他们大都是专业宇航员或科学家，担负着特殊使命被送入太空。平常人似乎只能梦游太空。直到2001年4月28日，60岁的美国富商蒂托进入太空，事情似乎开始有了变化。蒂托是第一位“自费旅游”的太空游客，他向俄罗斯航天局交纳了2000万美金的费用，获得进入太空的机会，乘坐俄罗斯航天飞机“联盟号”升空进入国际空间站。蒂托说进入太空是他“一生的梦想”。当然做太空梦的绝非他一个，现在南非人马克·沙图沃斯正在准备成为第二个太空游客。

不过做太空游客必须具备两个条件：足够健康的身体和足够的金钱。这种苛刻的要求实在让梦想遨游太空的人们气馁，更何况，进入太空意味着非同寻常的冒险。人类进入太空的航天历史上，伴随着那一连串“世界第一”的，也是一连串的灾难。

1960年10月24日，前苏联拜科努尔航天中心火箭发射爆炸事故造成地面100多人死亡；1967年1月27日，美国3名宇航员在阿波罗-1号模拟发射过程中因起火而丧生；1967年4月23日，前苏联宇航员弗拉基米尔·科马罗夫驾驶的宇宙飞船在降落时坠毁，在生命的最后几分钟里，他通过通讯系统平静地向妻子道别；1971年6月29日，3名前苏联宇航员在结束24天太空旅行返回地面时因缺氧窒息而死；1980年3月18日，前苏联普列谢茨克航天发射场火箭发射爆炸导致地面50名技术人员丧生；1986年1月28日，美国“挑战者”号在空中爆炸，7名宇航员全部遇难，7人中有一位是美国女教师麦考利夫，她所有的学生都激动地注视着徐徐升空的飞船，然而几秒钟后飞船在孩子们眼前化为一团火球。

2003年，美国“哥伦比亚”号航天飞机在从太空返回地面途中解体，全世界为之震惊。尽管遭遇如此众多的灾难，但人们并未停止探索宇宙的步伐，看来梦想的力量远远大于对死亡的恐惧。

自从前苏联宇航员加加林首次乘坐航天飞机绕地球一圈以来，人类踏入太空已经 42 年了。在这 40 多年的时间里，人类不但踏上了月球，而且还建起了空间站。如今，短期（10 天左右）的太空旅行对中国人来说也已经成为可能。

图书在版编目（CIP）数据

梦幻旅游：人一生要去的50个地方/唐晓萌，林佳鸣编著.
一西安：陕西师范大学出版社，2003. 7
ISBN 7-5613-2729-3

Ⅰ. 梦… Ⅱ. ①唐… ②林… Ⅲ. ①旅游指南—世界 Ⅳ. K919

中国版本图书馆CIP数据核字（2003）第055074号

图书代号：SK3N0395

梦幻旅游——人一生要去的50个地方
文字统筹：唐晓萌 林佳鸣
责任编辑：周 宏
特邀编辑：张 勤
装帧设计：大灰狼工作室
图片提供：深圳超景图片有限公司
出版发行：陕西师范大学出版社
（西安市陕西师大120信箱 邮编：710062）
印 刷：北京汇元统一印刷有限公司
开 本：787 × 1092 1/16
印 张：13.5
2003年7月第1版 2004年9月第2版第12次印刷
ISBN 7-5613-2729-3/K·140
定 价：48.00元